Für Jona Levin Scheerer

*Ohne Lessing wären wir
alle nicht, was wir sind.*

Feodor Wehl

Inhalt

Lessing und Hamburg

Hamburg hat ihm ein Denkmal gesetzt. Auf dem Gänsemarkt. Dort, wo das Theater gestanden hat, für das er schreiben sollte. Das Denkmal steht noch da; die Pleite des Theaters in der an ihm und dem Theater nicht interessierten Stadt steht in den Chroniken.

Lessing zählt unter die bedeutendsten intellektuellen Figuren, die das Hamburger Geistesleben geprägt haben, auch wenn er nur drei Jahre in Hamburg gelebt hat.

Er kam aus Berlin – ohne sich von seinen Berliner Freunden zu verabschieden, ohne sonderliche Ambitionen, wie er vorgab:

> Ja, in Hamburg bin ich gewesen; und in neun bis zehn Wochen denke ich wiederum hinzugehen, – wahrscheinlicher Weise, um auf immer da zu bleiben. Ich hoffe, es soll mir nicht schwer fallen, Berlin zu vergessen. Meine Freunde daselbst werden mir immer teuer, werden immer meine Freunde bleiben; aber alles übrige, vom größten bis zum kleinsten – Doch ich erinnere mich, Sie hören es ungern, wenn man sein Mißvergnügen über diese Königin der Städte verrät. – Was hatte ich auf der verzweifelten Galere zu suchen? – Fragen Sie mich nicht: auf was ich nach Hamburg gehe? Eigentlich auf nichts. Wenn sie mir in Hamburg nur nichts nehmen, so geben sie mir eben soviel, als sie mir hier gegeben haben. Doch Ihnen brauche ich nichts zu verbergen. Ich habe allerdings mit dem dortigen neuen Theater, und den Entrepreneurs desselben, eine Art von Abkommen getroffen, welches mir auf einige Jahre ein ruhiges und angenehmes Leben verspricht.

Die ganze Wahrheit war das nicht:

> Ich will meine theatralischen Werke, welche längst auf die letzte Hand gewartet haben, daselbst vollenden, und aufführen lassen. [...] Und noch eine andere Aussicht habe ich in Hamburg [...] Kennen Sie einen gewissen H. Bode daselbst? [...] Dieser Mann legt in Hamburg eine Druckerei an; und ich bin nicht übel in Willens, über lang oder kurz, auf eine oder andere Weise, gemeinschaftliche Sache mit ihm zu machen.[1]

Um in dieses Geschäft investieren zu können, ließ er in Berlin fast seine gesamte Bibliothek (6 000 Bände) verkaufen. Er kam also mit nichts als Aussichten und etwas Geld.

Und doch kam er nicht ganz allein. Er kam in Begleitung einer der aufregendsten Frauen, die je eine Bühne betreten haben, und sie machte auch entsprechend Furore. In Hamburg noch nicht so sehr, aber dann in Berlin und überall: Minna von Barnhelm. Als er abreiste, hatte er die Liebe seines Lebens kennengelernt. Dazwischen liegen drei Jahre, liegen Bekanntschaften, enttäuschte Hoffnungen am Theater, eine Pleite, unausgeführte Entwürfe für einige Theaterstücke, ein publizistischer Krieg, zwei Bücher, die wir nicht ungelesen lassen können, wenn wir die Frage beantworten wollen: Was ist Aufklärung?

Aber fangen wir, wie es sich gehört, mit dem Anfang an.

Von Kamenz nach Hamburg

Lessing[2] wird am 22. Januar 1729 in Kamenz in der sächsischen Oberlausitz als Sohn des Archidiakons und späteren Pastors und Enkel des Bürgermeisters geboren. 1741 – im Jahr zuvor hatte der sogenannte «Erste Schlesische Krieg» mit dem Einmarsch Preußens in das österreichische Schlesien begonnen – besteht er die Aufnahmeprüfung für die Fürstenschule in Meißen und überspringt gleich ein Trimester. Das Lehrprogramm umfaßt Religion und Latein, Griechisch, Hebräisch, Französisch, Rhetorik, Mathematik, Geschichte, Geographie. Man beurteilt ihn als äußerst begabt, doch zuweilen vorlaut und nachlässig, aber das gibt sich. Er fängt an zu schreiben, übersetzt Euklid, versucht sich an Gedichten. 1745 besetzen preußische Truppen Meißen; die Schule wird Lazarett. Lessing beginnt, an der Komödie «Der junge Gelehrte» zu arbeiten. Er darf wegen seiner Leistungen die Schule vorzeitig verlassen, erhält ein Stipendium und immatrikuliert sich in Leipzig für Theologie. Dort beginnt er sich für das Theater – und die berühmte Truppe der Schauspielerin Friederike Caroline Neuber sowie die 18jährige Schauspielerin Christiane Friederike Lorenz – zu interessieren.

Im Januar 1748 wird von dieser Truppe der «Junge Gelehrte» uraufgeführt. Damit kommt – hundert Jahre nach dem Ende des Dreißigjährigen Krieges – plötzlich ein neuer Ton in das deutsche Theater. Mit den Worten «Die Post ist also noch nicht da?» beginnt das Stück: forcierte Alltagsbanalität. Zudem der Verzicht auf umständliche Exposition – man ist sofort mitten in der Handlung, wo nichts erzählt und kommentiert, sondern alles aus sich selbst unmittelbar verständlich wird. Die Form der Frage macht klar, daß sie nicht zum ersten Mal gestellt wird. Da wartet einer sehr ungeduldig, und das macht ihn unnötig oft fragen. Lessing versteht sich von seinen ersten Versuchen an auf diese Kunst des Beginns, die dann zu den grandiosen Anfängen der «Minna von Barnhelm» und der «Emilia Galotti» führen wird. Selten beherrscht ein Autor sein Metier gleich so auf Anhieb.

Da ist also, im Alter von 19 Jahren, der Theaterautor schon da. Ein weiteres Lebensthema aber auch: die Schulden. Der Vater, unzufrieden über die Theaterbegeisterung des Sohnes (er ruft ihn mit der Lüge, die Mutter liege im Sterben, nach Kamenz zurück), begleicht die Schulden zwar, aber kaum ist Lessing wieder in Leipzig – er wechselt an der Universität zu Philologie und Medizin –, geht es schlimmer als vorher: Die Neubersche Truppe löst sich wegen Geldschwierigkeiten auf, und Lessing hatte für einige Schauspieler Bürgschaften geleistet, die nun fällig werden. Er reist heimlich ab und nach Berlin, von dort geht er nach Wittenberg, wo er sich für Medizin immatrikuliert. Er gibt das Studium aber bald auf und bezahlt mit dem Rest seines Stipendiums seine Schulden. Er reist wieder nach Berlin, wo ihn sein Vetter Christlob Mylius, der hier als Journalist arbeitet, unterbringt – erst ist er Bibliothekar für einen Privatmann, dann wird er Rezensent für die «Berlinische Privilegierte Zeitung». Eine weitere Komödie, «Die alte Jungfer», wird gedruckt, eine andere, «Der Misogyn», beendet. Pläne, als Assistent eines Professors der Philologie in Göttingen zu reüssieren, zerschlagen sich. Lessing schickt ein Konvolut Gedichte an den Verleger Metzler in Stuttgart, wo sie anonym zwei Jahre später erscheinen.

1749 wird in Bern der Schriftsteller Samuel Henzi – von ihm stammt der erste «Tell» für die Bühne – als Teilnehmer an einer Verschwörung öffentlich enthauptet. Das Ereignis dient Lessing zum Vorwurf für einen ersten (Fragment gebliebenen, aber später publizierten) Versuch im Genre des Trauerspiels. In diesem Jahr entstehen auch die Lustspiele «Der Freigeist» und «Die Juden». Letzteres ist wegen der pädagogischen Pointe ein eher schwaches Stück, aber interessant hinsichtlich der Reaktionen, die es hervorrief: Ein Kritiker bemängelte, einen so guten und edelmütigen Juden könne es in Wirklichkeit nicht geben, hätten die Juden doch zu viel Unrecht erleiden müssen, als daß sich ein solches «edles Gemüt» bilden könne.[3] Der Antisemitismus wird zur Begründung seiner selbst. Ein Topos.

Lessing und Mylius planen eine Theaterzeitschrift, die nicht zustande kommt. Publiziert werden 1750 die «Beyträge zur Historie und Aufnahme des Theaters». Lessing erläutert hier am Beispiel eines Stücks des lateinischen Dichters Plautus, das er übersetzt und kommentiert, seine Ansichten über die Komödie. Nach dem Vorbild des Plautus schreibt er das Lustspiel «Der Schatz». Er übersetzt Calderón, Werke Voltaires, Friedrichs II. und manches mehr, arbeitet an verschiedenen

Dramenprojekten, schreibt Gedichte, Fabeln. 1751 übernimmt er die Redaktion des «Gelehrten Artikels» der «Berlinischen» und der literarischen Beilage «Das Neueste aus dem Reiche des Witzes», wo er eine kritische Auseinandersetzung mit Klopstock beginnt und sich zunehmend einen Namen als Literaturkritiker macht. Dann reist er nach Wittenberg, um sein Studium zu beenden. Im Gepäck hat er die Druckbögen eines historischen Werkes von Voltaire, der sich zu der Zeit in Berlin aufhält – Voltaire verdächtigt ihn, einen unautorisierten Druck der Schrift zu planen, und auf seinen Protest hin gibt Lessing die Bögen zurück. Die Affäre erregt in Berlin ziemliches Aufsehen. In Wittenberg macht Lessing das Magisterexamen als Philologe und kehrt nach Berlin zurück.

In einem Hamburger Verlag wird Lessings Kritik an einer kürzlich erschienenen Übersetzung von Werken des Horaz durch einen Pastor namens Lange veröffentlicht, der als Koryphäe gilt, von Lessing aber als schlechter Lateiner vorgeführt wird. Die Replik des Getadelten veranlaßt ihn zu der ersten seiner großen Polemiken: «Vademecum für den Herrn Samuel Gotthold Lange, Pastor in Laublingen». 1753/54 erscheinen Lessings «Schriften» in vier Bänden. – 1754 lernt Lessing den Schriftsteller und Verleger Friedrich Nicolai und durch diesen den Philosophen Moses Mendelssohn kennen. Diese drei korrespondieren in den Jahren 1755 bis 1757 über Fragen zu Theorie und Praxis des Trauerspiels – Lessing legt in diesen Briefen den Grundstein für seine Überlegungen in der «Hamburgischen Dramaturgie». Anlaß für den Briefwechsel ist Lessings «Miß Sara Sampson», programmatisch untertitelt mit «Ein bürgerliches Trauerspiel». Man berichtet von einem bei der Uraufführung im selben Jahr zutiefst bewegten Publikum. 1754/55 gibt Lessing eine «Theatralische Bibliothek» als Fortsetzung der «Beyträge» heraus. – 1755 lernt er Ewald von Kleist kennen, Schriftsteller und preußischer Offizier, ein Vorfahre Heinrich von Kleists, und freundet sich mit ihm an.

1756 wird er als Begleiter für die auf mehrere Jahre geplante Bildungsreise eines Leipziger Kaufmannssohnes engagiert. Die ersten Stationen sind: Dresden – Kamenz – Leipzig – Dresden – Frankfurt an der Oder – Magdeburg – Halberstadt, wo er den Schriftsteller Gleim besucht – Braunschweig – Wolfenbüttel (dort lernt er seinen späteren Arbeitsplatz kennen) – Hildesheim – Hannover – Celle – Lüneburg – Hamburg, wo er den Schauspieler Ekhof trifft – Bremen – Oldenburg,

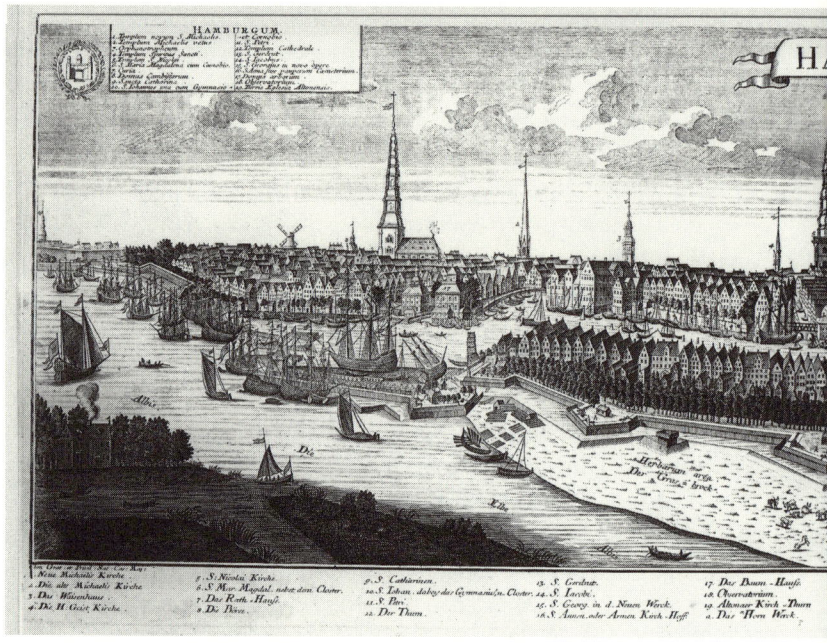

und über ein paar weitere Städte geht es nach Amsterdam. Bevor es zur Weiterreise nach London kommt, trifft die Nachricht von der Besetzung Leipzigs ein – es ist der Beginn des «Siebenjährigen Krieges». Lessings Reisegefährte will nach Leipzig zurückkehren, Lessing muß daher ebenfalls die Reise abbrechen. Er bekommt allerdings das ihm zugesagte Honorar nicht und muß lange prozessieren, bis es schließlich doch noch gezahlt wird. – Es ist eine kriegerische Zeit. Kleist, der sich vergeblich bemüht, Lessing eine Stellung zu verschaffen, verfaßt ein Heldenepos, das Lessing herausgibt, Gleim, den Lessing zuvor ermuntert hatte, Friedrich II. zu besingen, schreibt «Preußische Kriegslieder», die Lessing positiv rezensiert.

1758 bis 1760 ist Lessing wieder in Berlin. In Nicolais Verlag gibt er eine literaturkritische Zeitschrift heraus, die «Briefe, die neueste Litteratur betreffend». Neben vielem anderen findet sich hier eine Fortsetzung seiner dramentheoretischen Überlegungen, und es beginnt die systematische Kritik des französischen Theaters Corneilles und Racines – positiver Gegenpol ist für ihn Shakespeare, den er immer wieder der einge-

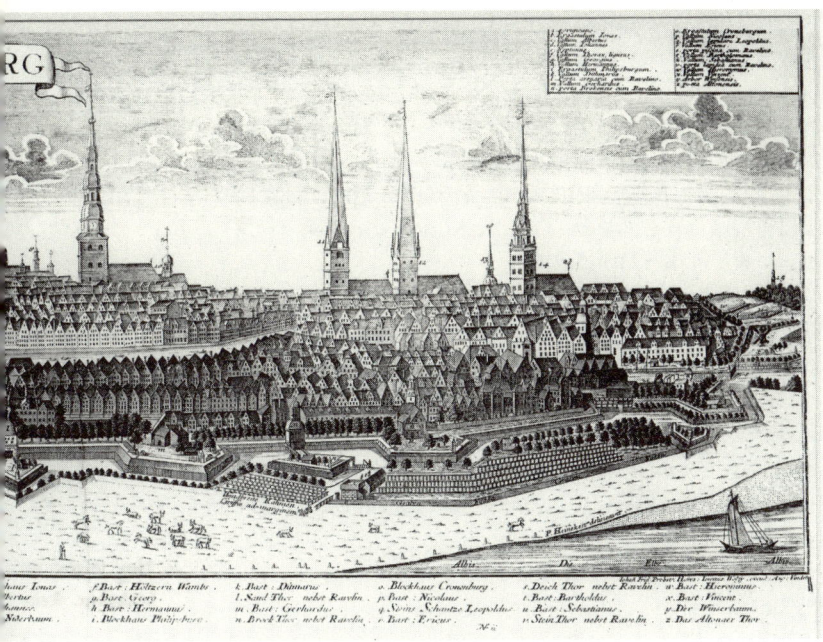

Stadtansicht von Hamburg. Kupferstich von J. F. Probst, 1726

henden Lektüre empfiehlt. Er übersetzt und kommentiert «Das Theater
des Herrn Diderot» (ein Franzose als Kronzeuge gegen das französische
Theater), plant eine Sophokles-Biographie, von der aber nur Teile fertig
werden und in Druck gehen, und verfaßt «Philotas. Ein Trauerspiel», in
dem es um die Frage des Heldentums geht: Ein Königssohn bringt sich
um, um dem Vater den Sieg im Krieg zu sichern, worauf der gegnerische
König seine Königswürde aufgibt, weil die es nicht wert sei, den Sohn zu
verlieren. – In der Schlacht bei Kunersdorf 1759 wird Kleist schwer ver-
wundet und stirbt im Lazarett. Gleim besingt den Heldentod, Lessing ist
tief getroffen – er hält Kleists Tod für einen kaschierten Selbstmord und
verweist Gleim die Absicht, den Tod zu verklären.

Im selben Jahr erscheinen Lessings «Fabeln» in drei Bänden. 1760
wird er zum Mitglied der Berliner Akademie der Wissenschaften ge-
wählt, verläßt aber plötzlich, ohne von irgendwem Abschied zu nehmen, Berlin und nimmt in Breslau eine Stelle als Sekretär des preußischen Generals Tauentzien an. Zwei kostspielige Leidenschaften prägen
diese Zeit: der Aufbau einer am Ende 6 000 Bände umfassenden Biblio-

thek und das Glücksspiel. Lessing spielt «Pharao»,[4] und das so obsessiv, daß es seine Freunde beunruhigt. – 1763 beginnt Lessing seine Studie «Laokoon: oder über die Grenzen der Mahlerey und Poesie», 1764 das Lustspiel «Minna von Barnhelm». Er gibt seine Stelle bei Tauentzien, der inzwischen Gouverneur von Schlesien geworden ist, auf; die Hoffnung auf eine Bibliothekarstelle in Berlin zerschlägt sich, weil Friedrich II. sein Veto einlegt. Der letzte der «Briefe» erscheint, der «Laokoon» geht in den Druck.

Oktober 1766: In Hamburg wird auf Initiative einiger wohlhabender Bürger ein «Deutsches Nationaltheater» gegründet; der Direktor Friedrich Löwen will Lessing als Dramaturgen gewinnen und bittet Nicolai um Vermittlung. Im Dezember reist Lessing nach Hamburg. An seinen Bruder Karl schreibt er im Dezember: «Es mag mit mir werden, wie es will in Ansehung Hamburgs, so bleibe ich doch nicht über Ostern in Berlin.»[5] Er bittet ihn, seine Berliner Wohnung zu kündigen. Er bricht die Brücken ab. Die «Minna» beendet er noch in Berlin, und im April reist er endgültig nach Hamburg ab. Seinem Bruder gibt er den Auftrag, die Bibliothek zu versteigern. So kommt er ohne sperriges Gepäck, begleitet von «Minna» und mit dem Plan zu einem Periodikum im Kopf, das zu den wichtigsten literarisch-philosophischen Projekten der deutschen Aufklärung werden sollte.

Bekanntschaften

Alle Bücher hat er denn doch nicht verkaufen lassen, und er mahnt den Bruder, die notwendigen Arbeitsmittel zu schicken:

> Wie steht es mit meinen Sachen? Ich will doch hoffen, daß sie abgegangen sind? Ich kann weder eher in Ordnung noch in Ruhe kommen, als bis ich meine Bücher um mich habe. Ich logiere hier bei dem Herrn Commissions-rat Schmid, auf dem Brocke, wohin Du künftig Deine Briefe adressieren wirst.[6]

Sprechen wir vor den Büchern über die Gegend und die Leute. Er wohnt also auf dem Brocke oder dem Brook. Wir haben eine Zeichnung der Wohngegend, allerdings hundert Jahre später. Mehrstöckige Häuser stehen links und rechts einer nicht zu schmalen, gepflasterten Straße. Es sieht aus, als röche es nicht zum besten in dieser Gegend, und die Kutschen auf dem Pflaster dürften einen Höllenlärm gemacht haben. Aber das war oft so. Vermittelt hatte die Unterkunft der Berliner Freund Nicolai: Er war ein Schulkamerad jenes Johann Friedrich Schmidt, bei dem Lessing nun wohnt, gewesen. Schmidts Frau wiederum war mit Eva König, Lessings späterer Frau, gut befreundet. (Schmidt machte 1772 wegen «riskanter Lottogeschäfte» Bankrott und schlug sich später in Wien als Direktor des dortigen Lesekabinetts und Komödienschreiber durch.[7]) «Madame Schmidt» ist in Eva Königs Briefen an Lessing sehr präsent.

Und mit wem kommt er in Hamburg zusammen? Er trifft Matthias Claudius, den Schriftsteller, den Redakteur Boie, den Pädagogen Basedow, den Musikdirektor der Hamburger Kirchen Carl Philipp Emanuel Bach, den Rektor des Johanneums Johann Samuel Müller, den liberalen Pastor Julius Gustav Alberti.[8]

Und Klopstock: «Klopstock ist hier gewesen, und ich hätte manche angenehme Stunde mit ihm haben können, wenn ich sie zu genießen gewußt.»[9] Klopstock zieht erst nach Hamburg, als Lessing schon in Wolfenbüttel ist, aber sie treffen sich, wenn Klopstock, der damals in

Kopenhagen ansässig ist, durchreist. Klopstock, wiewohl nur fünf Jahre älter als Lessing, ist Angehöriger einer anderen Generation. Sein Name ist vor allem mit dem Hexameterepos «Der Messias» verbunden, mit dem er der deutschen Literatur das geben wollte, was Homer der griechischen, Vergil der lateinischen und Milton der englischen gegeben hatte. Die Karriere des Textes ist kurz: Bewunderung zuerst, dann wohlwollende Distanz, dann weiß Goethe in «Dichtung und Wahrheit» zu berichten, wie er als Kind, daraus deklamierend, versehentlich den Barbier des Vaters erschreckt, schließlich schläft in Grabbes «Scherz, Satire, Ironie und tiefere Bedeutung» der Teufel ein, wenn man ihm daraus vorliest. Lessing schätzt Klopstock als Autor zu dieser Zeit durchaus (in früheren Jahren hatte er Partien des «Messias» und einige der Oden mit recht kritischen Anmerkungen bedacht) und außerdem als Schachpartner; die gerade fertiggewordene «Hermannsschlacht» übernimmt er in den in Hamburg zusammen mit Johann Joachim Christoph Bode gegründeten Selbstverlag, gleichfalls einen Band Oden. Über dieses Unternehmen – und Bode – wird weiter unten zu berichten sein.

Zu Lessings Hamburger Bekanntschaften zählen natürlich auch alle die, die ihn des Theaters wegen nach Hamburg geholt haben. Wie kontinuierlich Lessing mit ihnen umgegangen ist, ist schwer zu sagen. Hamburg hatte seit knapp hundert Jahren ein Theater, aber es war in der Hansestadt nicht unumstritten. Der orthodoxen lutherischen Geistlichkeit gefiel der dem bloßen Vergnügen gewidmete Ort nicht. Seit 1755 ist Johann Melchior Goeze Hauptpastor von St. Katharinen. In Lessings Nach-Hamburger Zeit fällt die Polemik um die von Lessing in Wolfenbüttel als «Fragmente eines Ungenannten» herausgegebenen bibelkritischen Schriften des 1768 verstorbenen Hamburger Gelehrten Hermann Samuel Reimarus. Auf diesen Streit können wir hier nicht im Detail eingehen, nur so viel sei gesagt: Daß der glänzende Polemiker Lessing so gut und der im Vergleich zu ihm schwerblütige Goeze in unseren Augen so schlecht dasteht, ist fast ein wenig ungerecht. Natürlich streitet Lessing für die freie Meinung in Glaubensdingen, und selbstverständlich verkörpert Goeze den Anspruch auf ein Deutungs- und Selbstdeutungsmonopol der Kirche, das zu bestreiten das Ziel der Aufklärung schlechthin ist. Insofern sind die Rollen verteilt und hoffentlich die Sympathien klar. Zu dieser ideengeschichtlichen Einordnung tritt die wissenssoziologische der Ausdifferenzierung der akademischen Disziplinen. Lessing steht für die Selbständigkeit und Gleichberechtigung der historischen

Philologie, die, wie jedes andere Fach auch, ihren Wahrheitsanspruch aus eigenen Kriterien gewinnt und sich weder vor der Theologie noch der Philosophie zu rechtfertigen hat. Lessing aber tut so, als wisse er um die Brisanz der Schriften des Reimarus nicht. Reimarus erklärt Wundergeschichten des Alten Testaments für ebenso unglaubwürdig wie die Berichte der Evangelien über die Auferstehung Christi. Lessing behauptet nun frischweg, daß auch letztere Schrift das Christentum nicht tangiere, und da widerspricht Goeze. Er muß widersprechen, und er tut es mit Argumenten, die so schlecht nicht sind. Lessing windet sich mit bewunderungswürdiger Eleganz immer wieder heraus, aber oft glänzt er dort literarisch, wo er argumentativ ins Hintertreffen gerät. Goeze sieht das und schimpft auf Lessings «Theaterlogik», was Lessing wiederum wunderbar pariert – man lese es nach. Lessings Behauptung, das Christentum komme auch ohne die Evangelien aus und brauche den Glauben an die historische Wahrheit der Offenbarung nicht, muß einen Religiösen aufbringen: Lessings Christentum, das er in späten Jahren in der Schrift «Das Testament Johannis» expliziert, ist keine Religion mehr, sondern eine auf den Satz «Kindlein, liebet einander» reduzierte Philosophie der Menschenfreundlichkeit. Wer Religion will, dem reicht das nicht.

In Hamburg haben Lessing und Goeze freundschaftlichen Umgang miteinander. Am 24. Januar 1769 macht Lessing nach mehreren Einladungen Goezes seinen Antrittsbesuch und notiert, er habe in ihm «‹einen in seinem Betragen sehr natürlichen und in Betracht seiner Kenntnisse gar nicht unebnen Mann gefunden.› Er sprach mit ihm über die hamburgische Stadtbibliothek, die Streitigkeiten, die der geistliche Herr soeben mit Johann Salomo Semler über philologisch-textkritische Fragen zum Neuen Testament begonnen hatte, und natürlich die ‹vortreffliche Sammlung von Bibeln; und besonders den ersten Ausgaben von Luthers Übersetzung›.»[10]

Ein anderer Geistlicher kommt 1770 nach Hamburg, kurz vor Lessings Abreise: Johann Gottfried Herder. Er kommt aus Riga, ist auf einer Reise durch Europa. 1776 werden Wieland und Goethe ihn als Hofprediger nach Weimar holen. Nach Hamburg kommt der 25jährige als Bewunderer Lessings. Er hatte ihm 1769 eine Auseinandersetzung mit dem «Laokoon» angekündigt, aber versichert, «daß es gar nicht meine Absicht gewesen, wider den Laokoon zu schreiben»;[11] in einem Brief an Lessings Freund Nicolai in Berlin schreibt er: «Ich beneide H. Lessing in mehr als einer Absicht. Er ist ein Weltbürger, der sich aus

Kunst in Kunst, u. aus Lage in Lage, und immer noch mit ganzer, junger, unveralteter Seele wirft: solch ein Mann kann Deutschland erleuchten!»[12] März, April 1770 ist Herder dann zwei Wochen in Hamburg und berichtet von «vergnügten Tagen».

Vergnügte Tage: Natürlich spielt Lessing auch in Hamburg. Im Hause des Kaufmanns Schwalb, Schwager des Professors für Mathematik am Akademischen Gymnasium Johann Georg Büsch, findet sich Lessing mit dessen Frau und Madame Knorre, der Frau des Hamburger Münzmeisters, zu einer Kartenrunde für das anspruchsvollere «L'hombre» zusammen.[13] «Auch der Ratskeller, der Schwarze Adler, das Dressersche Kaffeehaus und das Baumhaus waren ihm keine unbekannten Stätten.»[14] Ein Holzschnitt von 1881 zeigt Lessing mit Freunden auf der Dachterrasse des Baumhauses. Man trinkt Wein. Lessing wirkt behäbig, korpulent. Wer die Freunde sein sollen, weiß man nicht, man nimmt an: Herder und Claudius.

Das intellektuelle Ambiente fand Lessing im Kreise um den bereits genannten Hermann Samuel Reimarus, geboren 1694, gestorben 1768, Theologe, Philologe, Orientalist, Professor am Akademischen Gymnasium, Mitbegründer der «Hamburgischen Gesellschaft zur Beförderung der Manufacturen, Künste und nützlichen Gewerbe», später «Patriotische Gesellschaft von 1765» genannt. Zu diesem Kreis gehörten Reimarus' Frau Johanne Friederike, seine Tochter Elise, sein Sohn, der Arzt Johann Albrecht Heinrich, und dessen Frau Sophie, der genannte Büsch sowie der Physiker, Optiker und Architekt Ernst Georg Sonnin, der Erbauer des Turms der Michaeliskirche, des «Hamburger Michels», die Kaufleute Nicolaus Anton Johann Kirchhof und Johann Friedrich Tonnies, der Anwalt Peter Diedrich Volckmann. – Für Lessing von Interesse ist natürlich auch die Bibliothek des Reimarus: 6300 Bände.[15]

Außerhalb dieser Gruppe hatte Lessing, soweit wir wissen, keine Kontakte zur Hamburger Kaufmannschaft, also der politischen und wirtschaftlichen Elite. Erst nach seiner Hamburger Zeit lernt er über seine spätere Frau Eva König Johannes Schuback, «einen der reichsten und mächtigsten Kaufleute, näher kennen».[16] Eva König,[17] spätere Eva Lessing, 1736 in Heidelberg geboren, hatte dort den Kaufmann Engelbert König (* 1728) geheiratet und war mit ihm nach Hamburg gezogen. Sie wohnten am Neuen Wall. Eva König brachte sieben Kinder zur Welt, von denen zwei nur wenige Tage lebten, eines wurde elf Monate alt. Vier überlebten: Theodor Heinrich, Maria Amalia, genannt Malchen, Johann Engelbert, Friedrich Wilhelm, genannt Fritz, Lessings Patenkind.

Engelbert König war ein Tuchhändler, der sich auf Samt und Seide spezialisiert hatte. 1768 gründete er in Wien eine Samtmanufaktur, 1769 eine Fabrik für Tapeten. 1769 starb er auf einer Geschäftsreise in Venedig. Er war 41 Jahre alt, Eva König ist 33. König hatte Lessing gebeten, falls ihm etwas zustoßen sollte, sich um seine Frau und seine Kinder zu kümmern. Acht korrespondenzreiche Jahre vergingen – der Briefwechsel der beiden ist eines der ganz großen Dokumente der deutschen Literatur, in dem wir zwei außerordentliche Individuen kennenlernen, die doch so lange nicht zueinander kommen können[18] –, am Ende standen die Heirat und Eva Lessings Umzug nach Wolfenbüttel. Sie wurde schwanger, ihr achtes Kind starb bei der Geburt, sie starb wenige Tage später.

Malchen führte nach dem Tod der Mutter dem Stiefvater das Haus. Das zog Tuscheleien nach sich, die Lessing, als sie ihm kolportiert wurden, brieflich zurückzuweisen für nötig befand. Lessing überlebte seine Frau nur um drei Jahre.

Der Verlag

Eine der wichtigsten Hamburger Bekanntschaften Lessings ist der Verleger Johann Joachim Christoph Bode, ein beeindruckend korpulenter Mann, wie ihn ein wohl zeitgenössischer Kupferstich zeigt. Bode, 1730 in Braunschweig geboren, brachte es in Hamburg zum Verleger und Druckereibesitzer. Lessing hatte ihn bei seinem Hamburg-Besuch im Dezember 1766 kennengelernt und sich mit ihm angefreundet. Damals war der Plan eines gemeinsamen Verlagsunternehmens entstanden. Um dafür das nötige Kapital aufzubringen, verkaufte Lessing vor seinem Umzug nach Hamburg seine Bibliothek.

Zweierlei kommt hier zusammen. Einmal die Idee des Selbstverlags, um von anderen Verlegern unabhängig zu sein – eine Idee, die Autoren immer mal wieder verführt. Und dann Lessings Wunsch, die wirtschaftliche Seite seiner Existenz endlich in Ordnung zu bringen. Er hat immer wieder Schulden gemacht. Das fing früh an, und finanziell sorglose Zeiten gab es für ihn wohl nur ausnahmsweise. Oft hofft er auf den großen Lotteriegewinn, der sich aber nicht einstellt. Wenn es ihm finanziell gut geht, kauft er so lange Bücher, bis seine Mittel erschöpft sind. So soll Nicolai für ihn in Berlin (er selber ist in Breslau bei Tauentzien und unabkömmlich) Buchauktionen besuchen. An Nicolais Frau schreibt er:

> Die verdammten Bücher! – Werden Sie nicht ungehalten, Madame; für sich soll er kein Blatt erstehen. Wer Frau und Kinder zu versorgen hat, muß freilich sein Geld klüger anwenden. Aber unser eins; ich bin so ein Ding, was man Hagestolz nennt. Das hat keine Frau; und wenn es schon dann und wann Kinder hat, so hat es doch keine zu versorgen. – Was machte ich mit dem Gelde, wenn ich nicht Bücher kaufte?[19]

Aber so ganz ohne familiäre Verpflichtungen ist er doch nicht: 1764 schreibt ihn sein Vater um Geld an. Bis zu diesem Zeitpunkt waren dessen Briefe stets voll Ermahnungen und Vorhaltungen gewesen, der Umgang seines Sohnes hatte ihm ebensowenig gefallen wie dessen schriftstellerischer Erfolg, auch tadelte er ihn (aber da ist er nicht der einzige) als saumseligen Briefschreiber. Nun wird der Ton anders. Die Schulden drückten ihn, die Gläubiger drängten auf Bezahlung, er habe doch drei Söhne studieren lassen – «Ist es dahero nur einige Möglichkeit, so leihe mir auf zwei Jahre 150 Tlr. […] Meine Biblioth. gebe ich Dir zum Unterpfand.»[20] Er schickt auch den Bruder Theophil, um darzulegen, wie dringlich die Sache sei. Lessing übersendet 50 Taler, mehr hat er nicht, der Vater schreibt: «Gott schenke Dir davor Leben, Gesundheit und Vergnügen auf viele Jahre!»[21] Aber auch der Bruder Karl braucht Geld, kann nicht nach Leipzig, wo er studiert, zurück: «Er hat einige Schulden daselbst gemacht, die er, wenn er wieder dahin gehen will, notwendig bezahlen muß.»[22] Lessing tut, was er kann. Er hat einen Prozeß um ein ausstehendes Honorar gewonnen, aber die Hälfte für Prozeßkosten wieder aufwenden müssen.

> Von dem ganzen Winklerschen Processe sind mir kaum 300 Rtlr. übrig geblieben; und das ist, außer meiner Bibliothek und meinen Sachen, mein einziger und letzter Notpfennig, der gänzlich geschmolzen sein wird, noch ehe ich mich in Berlin wieder eingerichtet habe […] Ich bin zwar Willens, wenn ich nach Berlin komme, einen Teil meiner Bücher zu verkaufen, ich habe auch sonst noch einige kleine Forderungen außenstehen. Aber alles das ist nichts gewisses, und auf der Universität muß man auf etwas gewisses rechnen können.[23]

Dann gehen 50 Taler an Karl ab. «Die 50 Tlr., welche Du Deinem Bruder Carln geschicket, sind ein solches Geschenke, woraus Deine rechtschaffene Liebe gegen Dein Geschwister hervorleuchtet.»[24] Das war im Juli 1765, im September erinnert der Vater, dem man inzwischen das Gehalt gepfändet hat, vorsorglich an «einige 100 Tlr.», die der Sohn für Weihnachten in Aussicht gestellt hat, im Oktober bittet er über den Bruder Theophil und schriftlich um einen Vorschuß darauf: «Es betrifft diese Bitte 200 Tlr., welche ich vor […] dem 13. Dec. höchstvonnöten habe.»[25] Aus Hamburg schreibt Lessing an den Bruder Karl:

> Ich kann mir es einbilden, daß Du Geld brauchen wirst. Aber es würde mir schwer fallen, Dir jetzt mit etwas zu dienen.[26]

Theophil schreibt im November 1767, die Schwester mahne den Bruder, recht sparsam zu leben und fleißig Lotterie zu spielen, denn «das wäre doch hübsch, wenn man es darum täte; damit ich auch was hab, in diesen schweren Zeiten, und davon armen Leuten kann geben eine Gab».[27] Sie ist ersichtlich eine besonders dumme Gans. Oktober 1768, Theophil: «Aber kannst Du Dir auch ietzund vorstellen, was zu meiner Einrichtung, so studentenmäßig sie auch ist, gehört? Nur eines, das alle Menschen verlangen, und warum ich Dich auch ersuche, wenn Du nur 50. Taler müßigen kannst; welches aber sobald als möglich sein müßte. Das ist auch schon lange das Ansuchen des Hn. Vaters gewesen.»[28] Im Dezember: «ich befinde mich […] ganz wohl, lebe als ein Student, der des Jahrs seine 200 Tlr. und etwas darüber hat, und denke, daß es so lange, bis ichs nicht besser habe, gut sein muß.» Dann schildert er sein Leben, wie mäßig und bescheiden es sei, und schließlich rechtfertigt er seinen Pumpversuch vom Vormonat: «Ich brauchte Geld. Wo sollte ich es borgen? […] Von Fremden? Das tut man ganz zuletz, wenn einem alles einerlei wird, und die Not ihn unverschämt macht. Ich mußte mich als notwendig an Dich, von dem ich mir alles, was möglich ist, verspreche, wenden. Hierzu kam, daß ich nach den Zeitungen[29] urteilte, und mir nicht wenige sagten; Du hättest in Hamburg eine Besoldung, wegen der Aufsicht über das Hamb. Theater, auf tausend Taler. Was, fügte ich noch in meinen Gedanken hinzu, mag er nicht darneben mit seinen Schriften, die einen allgemeinen Beifall haben, zusammenbringen! Hier darf er nur einem armen Schlucker 50. Rtlr. abzählen.»[30]

Theophil irrt sich. Sein Bruder verdient 800 Taler, womit er, wie er schreibt, nicht auskommt. Er hat zudem sein ganzes Vermögen (das heißt den Erlös der Bibliothek) in das erwähnte Verlagsunternehmen gesteckt und dafür auch weitere Schulden gemacht. Zwar hatte man Lessing des Theaters wegen nach Hamburg geholt, aber schon im Dezember 1767 sieht er, daß es mit dem Theater nicht geraten will, und setzt ganz auf das Verlagsunternehmen. Dem Vater schreibt er:

> Ich bin von Berlin weggegangen, nachdem mir das einzige, worauf ich so lange gehofft, und worauf man mich so oft vertröstet, fehlgeschlagen.

Lessing hatte sich, wie erwähnt, um eine Anstellung als königlicher Bibliothekar bemüht, aber Friedrich II. hatte ihn nicht haben wollen.

> Gewisse Vorschläge lockten mich hierher nach Hamburg, aber auch aus diesen ist wenig geworden, und ich habe mich endlich entschlossen, meine Versorgung und mein Glück von mir selbst abhangen zu lassen. Ich habe

nemlich alles, was ich noch in Vermögen gehabt, bis auf den letzten Heller zusammengenommen, und in Gemeinschaft mit einem Freunde, Namens Bode, allhier eine Druckerei angelegt. Der Vorschuß, den dieses Etablissement erfodert, hat mich genötiget, den größten Teil meiner Bücher zu Gelde zu machen; aber ich hoffe, es soll mich nicht reuen. Wenn das Werk einmal in Gange ist, so hoffe ich für meinen Anteil als ein ehrlicher Mann davon leben zu können; und diese Aussicht ist mir um so viel schmeichelhafter, wenn ich mir vorstelle, daß ich meine bessere Umstände auch mein Geschwister werde können genießen lassen. Voritzo nur muß es Nachsicht mit mir haben, und ich kann auch nicht einmal Carln gegenwärtig so unter die Arme mehr greifen, als ich gern wollte.[31]

Der Vater schreibt dennoch um Geld, und der Sohn sieht sich gezwungen, so zu antworten:

Es geht mir durch die Seele, daß ich Ihnen, liebster Vater, unmöglich zu Ostern mit dem verlangten helfen kann. Aber zu Johannis will ich Rat schaffen, es mag herkommen woher es will. Alles was ich noch gehabt, steckt in der Entreprise, von der ich in meinem vorigen Briefe gemeldet, und zu der ich noch dazu fremdes Geld aufnehmen müssen, das mich sehr drückt. Ich bin hier fremder als an einem Orte, wo ich noch gewesen, und kann mich kaum einem oder zwei vertrauen, deren Beistand ich bereits mehr als gebraucht habe, und deren Kräfte doch auch nicht weit reichen. Es wird ja wohl möglich sein, daß Sie auf eine oder die andere Weise noch das Vierteljahr hinhalten; auf Johannis, wiederhol ich noch einmal, will ich die hundert Taler ganz gewiß, und bar senden.[32]

Das ist im März 1768, einen Monat später schreibt er dem Bruder Karl:

Gott sei Dank, bald kommt die Zeit wieder, daß ich keinen Pfennig in der Welt mein nennen kann, als den, den ich erst verdienen soll. Ich bin unglücklich, wenn es mit Schreiben geschehen muß! – Nimm meinen brüderlichen Rat, und gieb den Vorsatz ja auf, vom Schreiben zu leben […] Sieh, daß Du ein Sekretair wirst, oder in ein Collegium kommen kannst. Es ist der einzige Weg, über lang oder kurz nicht zu darben. Für mich ist es zu spät, einen andern einzuschlagen.[33]

Lessings Hamburger Kompagnon Bode war ein vielseitiger Autodidakt.[34] Bis zu seinem 14. Lebensjahr hatte er die Schafe seines Vaters und seines Onkels gehütet. Dann sorgte die Mutter für eine Ausbildung als Regimentsmusiker. Er heiratet, die Ehe scheitert, er verläßt Frau und drei Kinder, für die er aber Unterhalt zahlt. Er arbeitet zunächst in Braunschweig als Musiker, dann geht er nach Celle, wo er auch als Musiklehrer und Journalist tätig wird. Seine Frau und seine Kinder sterben, Bode zieht nach Hamburg, wo er Musik und Französisch unterrichtet. Er hat mittlerweile im Selbststudium Französisch, Italienisch, Englisch gelernt und widmet sich nun dem Spanischen. In Hamburg knüpft er Verbindungen zum Theater – er übersetzt und bearbeitet französische und englische Theaterstücke. Journalistisch ist er weiterhin tätig, eine Zeitlang arbeitet er als Redakteur des «Hamburgischen unpartheiischen Correspondenten». Er heiratet wieder. Seine Frau, die Tochter eines wohlhabenden Hamburger Senators, stirbt an den Folgen eines Reitunfalls. Um übler Nachrede zu entgehen, verzichtet er auf einen großen Teil der Erbschaft, behält aber 16000 Taler und erwirbt die technische Einrichtung einer kurz zuvor eingegangenen Druckerei. Zunächst will Bode für das Theater den Druck von Flugblättern, Programmzetteln und neu aufgeführten Stücken übernehmen. Aber es steht um das Hamburger Theater schlecht, und man kann kein Unternehmen auf die Hoffnung künftigen Florierens gründen. So tritt die Idee eines regulären Verlages in den Vordergrund. – Wiewohl uns Bode hier nur als Verleger interessiert, darf nicht unerwähnt bleiben, daß seine größte Bedeutung in seinen Übersetzungen liegt. Einige davon hat er auf Anregung Lessings unternommen. Es sind dies Laurence Sternes «Empfindsame Reise», mit der Bode anfängt, dann aber vor allem dessen «Tristram Shandy», ferner Tobias Smollets «Humphrey Klinkers Reisen», Oliver Goldsmith' «Dorfprediger von Wakefield», Henry Fieldings «Tom Jones» – und schließlich Montaignes «Essais» als «Michael Montaignes Gedanken und Meinungen über allerley Gegenstände».

Das damalige Verlagswesen unterschied sich beträchtlich von dem, was wir heute darunter verstehen. «Buchhändler» – das war die Personalunion von einem, den wir heute einen Verleger nennen, und einem, den wir heute einen Buchhändler nennen (oder, im Fachjargon, «Sortimenter»). Traditionellerweise erwarb ein solcher Buchhändler auf einer Buchmesse von einem Autor ein Manuskript und bezahlte es – das heißt das Manuskript als Sache, die ihm nun gehörte. Er druckte und verkaufte in seinem Laden. Weitere Verbreitung erhielt das Buch, indem er Exemplare auf Messen gegen andere tauschte, die er wieder in seinem Laden zu verkaufen trachtete. Das führte zuweilen zu absurden Situationen. Ein Buchhändler, der ein gefragtes Buch im Angebot hatte, konnte es nur unter die Leute bringen, indem er eine Menge wenig nachgefragter Bücher in Tausch nahm, auf denen er dann möglicherweise sitzenblieb, wogegen die Buchhändler, die nur mediokres Zeug anzubieten hatten, dafür die gefragten eintauschen und erfolgreich verkaufen konnten. Überhaupt funktionierte das System ab einer gewissen Größe des Marktes nicht mehr. Mit dem Anstieg der Leserzahlen, der wachsenden Menge von Autoren, die länderübergreifend wahrgenommen wurden, änderte sich die Ansicht von der Ware, die ein Autor anzubieten hatte. An die Stelle der Idee, der Autor verkaufe dem Verleger (ich bleibe bei der heutigen Bezeichnung) eine Sache, die der dann besitzt und mit der er machen kann, was er will, zum Beispiel drucken (in diesem Fall endet also das Rechtsverhältnis zwischen Autor und Verleger mit der wechselseitigen Übergabe von Manuskript und Geld), tritt die Idee, daß die Manuskriptübergabe ein fortdauerndes Rechtsverhältnis erst begründe und daß der Autor dem Verleger nicht das Manuskript verkaufe, sondern das Recht, es zu drucken und damit Geld zu verdienen. Aber was für ein Recht ist das, worauf gründet es sich? Und was sind die schicklichen Modalitäten und Grenzen eines solchen Vertrages?

Zudem wies die Situation in Deutschland eine Besonderheit auf. Überall in Europa mußten Verleger um ein Druckprivileg einkommen, das heißt, sie mußten das Druckwerk bei einer Zensurbehörde zur Genehmigung einreichen. Erhielten sie das Privileg, waren sie gegen unerlaubten Nachdruck geschützt, denn nicht das Druckwerk erhielt den Unbedenklichkeitsbescheid, sondern der Verleger für das Werk. Drucken durfte das Buch nur, wer ein solches Privileg hatte. Wer in Frankreich publizieren wollte, kam in Paris um Genehmigung ein, in England in London und so weiter. Wer im Herzogtum Braunschweig verlegen wollte, ließ sich das Privileg in Braunschweig geben – und es galt genau bis zur Landesgrenze. Deutschsprachige Bücher durften also hinter jeder Landesgrenze nachgedruckt werden – man sehe sich die Landkarte Deutschlands in der zweiten Hälfte des 18. Jahrhunderts einmal an, um zu ermessen, was das bedeutete. Der unautorisierte, mangels gesetzlicher Regelungen aber legale Nachdruck von anderswo verlegten Büchern war für die deutschen Schriftsteller und ihre Verleger ein eminentes Problem. Zum einen kam der Verleger wahrscheinlich nur bei grenzübergreifendem Vertrieb auf seine Kosten. Zum anderen hatte sich peu à peu durchgesetzt, daß der Autor am Absatz beteiligt war – also konnte ein

Nachdrucker, der dem Autor ja nichts zahlte, billiger anbieten. Wenn er es geschickt machte, blieb der Erstverleger auf der Auflage sitzen, machte Verlust und zahlte dem Autor nichts oder jedenfalls nichts über ein Vorabhonorar hinaus.

Ein Raubnest besonderer Art war Wien. Dort ließ sich der Nachdrucker für den Alleinvertrieb seines Diebesguts ein Privileg für Österreich ausstellen und beherrschte so den größten geschlossenen deutschsprachigen Absatzmarkt. Wielands «Sämmtliche Werke», für die übrigen deutschen Länder gleichzeitig in vier Ausgaben – von der Luxusausgabe bis zur (wie wir heute sagen würden) Taschenbuchausgabe – auf den Markt gebracht, um die Nachdrucker ökonomisch auszustechen, wurden in Wien parallel als Raubdruck vertrieben. Ein Wiener Verleger versuchte sich sogar in einer Art Schutzgelderpressung. Er forderte die deutschen Schriftsteller auf, sich exklusiv von ihm verlegen zu lassen, anderenfalls sie gewärtigen müßten, sich von ihm ohne Ermächtigung gedruckt zu finden.[35] Die Argumente, mit denen die Raubdrucker ihre Tätigkeit verteidigten, waren übrigens dieselben wie zur Zeit des Wiederauflebens dieser Praxis in den 60er und 70er Jahren des vorigen Jahrhunderts und wie heute, in Zeiten der Internet-Piraterie: Die Nachdrucker dienten dem Publikum, indem sie ihm preiswert verschafften, was es doch lesen wolle; sie dienten der Kultur, indem sie die Klassenprivilegien der Bildung abzuschaffen hülfen; sie dienten dem Autor, dessen Werk sie verbreiteten und der doch, das habe er ja durch die erste Drucklegung gezeigt, genau das wolle, weswegen ihm kein Unrecht geschehe. Allein der Gewinnsucht werde ein Schnippchen geschlagen, und Kultur dürfe nun mal keine Sache des Kommerzes sein. So wurden die Raubdrucker reich.

Lessings «Hamburgische Dramaturgie» wurde Opfer solcher Nachdruckpraxis. Sie trug zum vorzeitigen Ende des Projekts ebenso bei wie zum Ende der kurzen Laufbahn Lessings als Verleger. Damit hatte der Nachdrucker Schwickert aus Leipzig, unter dem Namen «Dodsley und Compagnie, London» firmierend,[36] zu verantworten, daß eines der wichtigsten Werke der deutschen Aufklärung verstümmelt wurde. 200 Jahre später verhinderte der Raubdruck von Arno Schmidts «Zettel's Traum», daß eine reguläre zweite Auflage erscheinen konnte, und der Autor wurde um sein Honorar gebracht, mit dem er die Zeit der Abfassung des nächsten Buches hatte finanzieren wollen. An dessen Stelle traten Übersetzungen, die ihm das Geld schaffen mußten.

Einen einzigen positiven Effekt hatte die Raubdruckerei: Sie nötigte, das Verhältnis Autor/Verleger näher zu bestimmen. Die übereinstimmende Ansicht, daß der Nachdrucker nicht nur den Verleger, sondern auch den Autor schädige, daß er zudem nicht nur in die Rechte des Verlegers, sondern auch in die des Autors eingreife, brachte es dahin, Produktion, Erscheinen und Vertrieb eines Buches als gemeinschaftliches Projekt von Autor und Verleger anzusehen. Kant argumentierte, daß die Übertragung des Rechtes, meine Gedanken zu drucken, ein Rechtsverhältnis *sui generis* begründe, in das einzugreifen ähnlich unmoralisch sei wie ein Ehebruch. Wieland argumentierte sachlicher: Ein Autor müsse kontrollieren können, in welcher Gestalt seine Werke zirkulierten. Das Verhältnis Autor/Verleger basiere darüber hinaus auf einem gemeinsamen Geschäft, bei dem beide auf ihre Kosten kommen müßten. Der Verleger dürfe ein Werk so lange vertreiben, bis er einen gehörigen Verdienst (wie hoch der sein solle, müsse vereinbart werden) erzielt habe. Dann sei der Autor frei, neu zu disponieren. An eine Rechtsübertragung, wie sie heute noch weit verbreitet ist (auf die Dauer des gesetzlichen Urheberrechts, das heißt, was den Autor angeht, lebenslänglich plus siebzig Jahre), dachte keiner der damaligen Autoren. Als Wieland die Rechte an seinen «Sämmtlichen Werken» dem jungen Verleger Georg Joachim Göschen übertrug, strengte sein bisheriger Verleger einen Prozeß gegen ihn an, den Wieland gewann: Das Recht an einer Gesamtausgabe ist vom Recht an Einzelpublikationen geschieden. Dieser Musterprozeß fand Eingang in die Formulierung des deutschen Urheberrechts, das aber erst nach der ersten Vereinigung der deutschen Länder nachhaltige Rechtssicherheit garantieren konnte. Darauf hatte schon Nicolai in einem Brief an Lessing hingewiesen: «ich weiß kein allgemeines Mittel, die Sache in bessere Ordnung zu bringen, weil die vielen deutschen Fürsten unmöglich unter einen Hut gebracht werden könnten, um eine Ordnung z. E. wider den Nachdruck, die sehr nötig wäre, in Ausübung zu bringen.»[37]

Das Verlagsunternehmen von Bode und Lessing ging aber nicht nur am Nachdruck zugrunde, sondern auch an Bode und vor allem Lessing. Die Idee des Selbstverlags ist unter Autoren endemisch. Mit den Haßanfällen von Autoren, ihre Verleger betreffend, kann man ganze Florilegien füllen. «All booksellers are rascals», schrieb Cooper, Herder wünschte sie zum Teufel, Wieland nannte sie «Idioten und ostrogotische Kerle»,[38] und Arno Schmidt ließ sich so hören: «Verleger, Herr Reemtsma, sind Leute, die ihre Hummersuppen aus Autorenschädeln trinken.

Zu dem Beruf gehört eine Mentalität wie bei den Merowingern – so Schweinsborsten den ganzen Rücken hinunter.»[39] Es nimmt nicht wunder, daß immer mal wieder die Idee aufkommt, alles selbst zu machen. Zu Lessings Zeiten gab es verschiedene Varianten. Die eine war die Subskription. Der Autor annonciert sein neues Werk, läßt es auf eigene Kosten drucken und verkauft die Exemplare an die Interessenten, die sich auf die Annonce hin gemeldet haben. Das ging mal schlecht, mal gut, im Falle von Klopstocks «Gelehrtenrepublik» sehr gut, aber das war ein Ausnahmefall. Wieland stützte sich auf seine Zeitschrift «Der Teutsche Merkur», die immerhin die bedeutendste literarisch-politische Zeitschrift der zweiten Hälfte des 18. Jahrhunderts wurde, wenn auch kein wirklicher ökonomischer Erfolg. Im «Merkur», wie auch in seiner zweiten Zeitschrift «Attisches Museum», druckte er eigene Werke in Fortsetzungen ab, die dann später in die «Sämmtlichen Werke» aufgenommen oder zuvor als Einzelbände publiziert wurden. Bodes und Lessings Vorhaben war ambitioniert. Sie wollten *den* führenden deutschen Verlag gründen, die besten Autoren versammeln, die Buchästhetik erneuern und, auch dies, den Autoren geben, was ihnen zustand.

Friedrich Nicolai, der Freund aus Berlin und lebenslange Verleger, spottet recht früh über das Unternehmen. Er kennt das Geschäft und den Markt und weiß, daß Lessing beides nicht kennt. Was machen Lessing und Bode falsch? Erstens überschätzen sie die Attraktivität ihres Unternehmens. Lessing rühmt sich bald, «Klopstocks Hermann, dessen Oden und Abhandlungen über das Sylbenmaß der Alten, Gerstenbergs Ugolino, ein Lustspiel von Zachariä, und ich weiß selbst nicht, wie viel andere schöne Sachen, dazu erhalten [zu] haben»,[40] aber das Ich-weiß-selbst-nicht-wie-viel ist Pfeifen im Dunkeln. Da ist sonst nicht mehr viel. Das geplante «Deutsche Museum» kommt mangels Masse und Qualität nicht zustande. Nicolai hat es geahnt: «Für Ihr neues Journal habe ich allen Respekt. Wenn Sie lauter solche Sachen einrücken, als diejenigen, die ins erste Stück kommen sollen, so wird es alle, die jemals gewesen sind, übertreffen. Befleißigen Sie sich nur auf *Vorrat* von Manuscript; und lassen Sie die besten Schriftsteller Deutschlands fein fleißig schreiben. Das ist die Hauptsache, wenn die Fortsetzung ununterbrochen erfolgen soll.»[41] Zweitens kalkulieren sie nicht richtig: «Lessing hielt es für günstiger, möglichst viel zu drucken und zu verlegen als jeden Artikel sorgsam zu berechnen.»[42] Ein Fehler, den allzu enthusiastische Verleger oft machen: zu meinen, fehlerhafte Kalkulationen würden sich durch

Mengenwachstum ausgleichen. Drittens kosteten Lessings ästhetische Vorlieben zu viel Geld: «italienisches Rippapier, ungewöhnliches Klein-quartformat, Meilsche Vignetten und Leisten, unpraktische Neuerun-gen wie die Nichtsignierung der Bogen»[43] – und auch Zeit: Der ge-nannte Illustrator Meil etwa lieferte, er war ein gefragter Mann, zu spät, und der Auslieferungstermin konnte nicht gehalten werden. Vor dem Papier warnte Nicolai: «Überhaupt wollte ich Herrn Bode nicht raten, ferner Papier aus Italien zu verschreiben. Für den sehr teuren Preis, kann er ja viel schöneres deutsches oder holländisches Papier haben.»[44] Gegen die Signaturen der Druckbögen, die das Kollationieren erleich-tern, wandte sich Lessing, weil sie seiner Meinung nach die Ästhetik der Druckseite störten:

> Wozu der Bettel, der das Viereck der Columnen so schändlich verstellt? Da
> ist der Custos, da sind die Pagina, der Columnentitel, die Zahl der Briefe;
> und alles das ist noch nicht genug, die Bogen zusammen zu finden? Muß
> auch der Bursche, welcher collationiert, noch sein besonderes Hülfsmittel
> haben? Und warum kann er nicht nach der Folge der Pag. 1. 17. 33. 49. 65.
> u.s.w. collationieren?[45]

Das Raisonnement zeigt Lessings Praxisferne. Die Bogennumerierung ist eingeführt worden, um ein schnelles und routiniertes Zusammenstel-len der Druckbögen zu bindefertigen Büchern zu erleichtern. Lessing verlangt vom Kollationierer, sich an Seitenzahl, vielleicht gar am Inhalt («Zahl der Briefe») zu orientieren, und erschließt so erstens eine wun-derschöne Fehlerquelle und macht zweitens den Vorgang des Kollatio-nierens umständlicher, also zeitaufwendiger, also teurer. Und Bode und Lessing interessieren sich für alles Mögliche, nur für eines nicht: den Vertrieb. Ein guter Verleger muß aber entweder ein guter Vertriebs-mann sein oder einen haben. Bode und Lessing lagern den Vertrieb aus: Sie schließen mit anderen Verlegern ab, die fixe Stückzahlen überneh-men. Das verdrießt wiederum die nicht einbezogenen Verleger, die, wie oben erwähnt, auf den Messen ihre Tauschgeschäfte machen wollen, und die ausgewählten Vertreiber werden mit zu hohen Provisionen bei der Stange gehalten und für den Ärger mit ihren Kollegen entschädigt.

Nicolai gibt außerdem zu bedenken, daß die Idee eines nur auf Qua-lität gestellten Verlags äußerst riskant sei, auch abgesehen von dem erwähnten Risiko, die Qualität nicht stets liefern zu können: «Freilich habe ich es Ihnen, wie Sie wissen, schon oft eingeprägt, daß die Buchhändler von den gelehrten und vernünftigen Büchern gar nicht reich werden, so wenig als von Städten wo viel Lektüre herrscht, sondern von dummen Zeuge, das Lessing gar nicht zu Gesichte bekommt, und von dummen Provinzen, wo meines Freundes Lessings Schriften kein Mensch lesen will. Ihr witzigen Köpfe habt nun mit Eurem feinen Schreibpapier, mit Eurer Kritik, mit der ihr den Leuten die Augen öffnet, mit Eurem *Quartformat*, mit Euren roten Linien, mit Euren Vignetten von Meil, und mit tausend andern solchen Teufeleien den Handel vollends verdorben, daß es eine Sünde und Schande ist. Inzwischen ich, der ich das besondere Glück habe, daß in meinem Verlage viel schlechte Bücher, die gut abgehen, befindlich sind, ich denke denn, sie werden ja noch wohl ein Traktätchen von zwölf Lessingischen Bogen übertragen können; also will ich mir immer gute Freunde mit dem ungerechten Mammon machen, und Herr *Bode* mag nur für meine Rechnung drucken, wie Er und Sie wollen: nur nicht in *Quartformat*; Sie wissen, was ich für eine Abneigung gegen das Quartformat habe.»[46]

Das Verlagsunternehmen, 1767 begonnen, geht so verzweifelt schlecht, daß Lessing bereits im September 1768 an Nicolai schreibt: «Von meiner Verbindung mit Boden habe ich mich auch bereits losgesagt.» Er plant, nach Rom zu gehen.

Was ich in Rom will, werde ich Ihnen aus Rom schreiben. Von hier aus kann ich Ihnen nur so viel sagen, daß ich in Rom wenigstens eben so viel zu suchen und zu erwarten habe, als an einem Orte in Deutschland. Hier kann ich des Jahres nicht für 800 Rtlr. leben; aber in Rom für 300 Rtlr. So viel kann ich ungefähr noch mit hinbringen, um ein Jahr da zu leben; wenn das alle ist, nun so wäre es auch hier alle, und ich bin gewiß versichert, daß es sich lustiger und erbaulicher in Rom muß hungern und betteln lassen, als in Deutschland. Ich lasse das Verzeichnis von meinen Büchern drucken, welche im Januar hier verauktioniert werden sollen.[47]

Bode allerdings macht weiter. Daß es ihm gelingt, schreiben manche seiner dritten Ehefrau Metta Maria, der Tochter des Verlegers Johann Carl Bohn, zu.[48] Der Schwiegervater gibt seinen Rat, die Ehefrau ihre Arbeitskraft hinzu. Ab 1771 erscheint bei Bode der «Wandsbecker Bote» unter der Schriftleitung von Matthias Claudius, von dem übrigens der Spitzname Bodes stammt: «der dicke Herr in Hamburg».[49] Erst in diesem Jahr erscheint die Prachtausgabe von Klopstocks «Oden». – Lessing aber geht nicht nach Italien, sondern nach Wolfenbüttel.

Der «Hamburgischen Dramaturgie» schickt er, als er sie einstellt, noch einen Abschiedsgruß an die Raubdrucker hinterher. Er tut das, indem er selber einen Nachdruck veranstaltet. Er druckt in der letzten Ausgabe der «Dramaturgie» die «Nachricht an die Herren Buchhändler» ab, unterzeichnet von jenem Pseudo-Dodsley, der sich darin die Lizenz zu stehlen, was er kann, erteilt. «Dodsley» wird die Ironie nicht verstanden haben. Tatsächlich ist seine Argumentationsstrategie, sein Nachdruckunternehmen als Verteidigung aller rechtschaffenen Verleger gegen den Autorenselbstverlag auszugeben, eine besonders bizarre Frechheit. Er bekennt sich dazu, Lessing und Bode nachzudrucken, um sie zu ruinieren. Man solle es ihm nicht «verübeln», schreibt Lessing auf den letzten Zeilen der «Dramaturgie»,

daß ich meine Verachtung und meinen Haß gegen Leute bezeige, in deren Vergleich alle Buschklepper und Weglaurer wahrlich nicht die schlimmern Menschen sind. Denn jeder von diesen macht seinen coup de main für sich: Dodsley und Compagnie aber wollen Bandenweise rauben.[50]

Gleichzeitig enthält der Abbruch der «Hamburgischen Dramaturgie» auch den Abschied vom Hamburger Theater – und vom «Nationaltheater»:

Der süße Traum, ein Nationaltheater hier in Hamburg zu gründen, ist schon wieder verschwunden: und so viel ich diesen Ort nun habe kennen lernen, dürfte er auch wohl gerade der sein, wo ein solcher Traum am spätesten in Erfüllung gehen wird.[51]

Das Theater

Im Jahre 1630 wurde in Hamburg zum ersten Mal ein Theaterstück aufgeführt. 1728 hatte die berühmte Schauspielerin Friederike Caroline Neuber mit ihrer Truppe ein erstes Gastspiel. Sie kam öfter, hatte aber keinen rechten Erfolg. Andere folgten ihr, reüssierten besser, wer weiß, warum. 1756 spielte die «Koch'sche Schauspielergesellschaft» Lessings «Miß Sara Sampson».[52] 1765 wurde das Opernhaus am Gänsemarkt abgerissen und an dieselbe Stelle ein Schauspielhaus mit zwei Rängen und einem Stehparterre[53] gebaut. Hamburg hatte jetzt ein residentes Ensemble unter der Leitung von Konrad Ackermann. Ackermann agierte unglücklich, investierte in Veranstaltungen, die weder dem Publikum noch der Kritik gefielen.[54] Zur Truppe gehörte die Schauspielerin Sophie Friederike Hensel, die als die beste Aktrice Deutschlands, aber auch als ungewöhnlich eitel und intrigant galt. Die Hensel hatte einen Geliebten, den Kaufmann Abel Seyler, der eine Gruppe von zwölf weiteren Kaufleuten um sich scharte und den Kontakt zu einem Autor namens Johann Friedrich Löwen, der ein Buch über fällige Theaterreformen in Deutschland geschrieben hatte, herstellte. Gemeinsam faßte man den Plan, in Hamburg ein «Nationaltheater» auf die Beine zu stellen. Der Ausdruck «Nationaltheater», den zum Beispiel das große, von Johann Heinrich Zedler herausgegebene «Vollständige Universallexicon» von 1740 noch nicht kennt, besagt zunächst nichts weiter, als daß es sich in Absetzung von dem Brauch, Theatergebäude von herumziehenden Schauspieltruppen bespielen zu lassen, um ein von der öffentlichen Hand finanziertes «stehendes» Theater handeln soll – im Gegensatz auch zum (nicht so genannten) Privattheater, das die ökonomische Unternehmung eines Prinzipals oder einer Prinzipalin ist (wie im Falle der Neuberschen oder Ackermannschen Truppe). Dieses «Nationaltheater» sollte dazu beitragen, die Entwicklung des deutschsprachigen Theaters insgesamt zu befördern und eine Veränderung des Spielplans deutscher Bühnen herbeizuführen. Jedoch: «Die Versuche, in Deutschland ein stehendes Theater zu errichten, das rentabel bleibt, scheitern

Theater am Gänsemarkt. Aquarell um 1827

im 18. Jahrhundert sämtlich.»[55] Stehende Theater etablieren sich einzig, wenn sie – als sogenannte «Hoftheater» dann – von interessierten Fürsten finanziert werden. Die Bürgerschaften der Städte, die sich ein Theater hätten leisten können, waren nicht interessiert.

Das Hamburger Nationaltheater war zwar von der Ambition her ein «Nationaltheater», das heißt eine von Bürgern getragene Initiative, aber eigentlich war es doch keins, denn die Bürgerschaft dachte nicht daran, die benötigten Gelder aufzubringen – ob man sich dabei der Theaterfeindschaft eines Teils der konservativen Geistlichkeit Hamburgs (tonangebend dabei Goeze) unterwarf oder ob es sich um die notorische Hamburger Indolenz in solchen Dingen handelte, die auch dazu führte, daß Hamburg auf die Errichtung einer Universität bis ins 20. Jahrhundert wartete, muß offenbleiben. Kurz, das genannte Konsortium verzichtete notgedrungen auf öffentliche Gelder und mietete das Haus am Gänsemarkt samt Interieur und Fundus von Ackermann, der im Ensemble blieb, auf eigene Rechnung. «Abel Seyler, sein Kompagnon Tillemann und der Tapetenhändler Bubbers, der früher Schauspieler gewesen, bildeten den Verwaltungsausschuß. Löwen übernahm das Amt des künstlerischen Direktors und ‹Übungslehrers› und sollte zugleich durch Vorlesungen über die Grundsätze der Deklamation und Mimik für die technische Weiterbildung der Schauspieler sorgen. Diesen versprach man ein angemessenes Jahresgehalt und eine Altersversorgung. Endlich wollte man aufstrebende dichterische Talente durch Aussetzung jährlicher Preise ermutigen und dadurch auf allmähliches Zustandekommen eines nationalen Repertoires hinwirken.»[56] Dessen es, da war man sich einig, noch schmerzlich mangelte in Deutschland. Uneinig war man sich, welchem Vorbild es folgen sollte: dem französischen, wie Gottsched in Leipzig empfahl – man spielte auf deutschen Bühnen gern Corneille, Racine und Voltaire –, oder dem englischen – Shakespeare war zwar noch alles andere als geläufig, doch Bodmer und Lessing wiesen immer wieder auf ihn hin, und 1761 bis 1766 erschien in Zürich die Übersetzung von zweiundzwanzig Dramen Shakespeares von der Hand Wielands, der 1761 in Biberach an der Riß im ersten Stock einer Metzgerei die deutsche Uraufführung des «Sturm» veranstaltet hatte.

Am 22. April 1767 wurde das Theater eröffnet. Aber die Theaterleitung erwies sich als inkompetent. Man warf das Geld zum Fenster hinaus, die Schauspieler sahen sich nach einiger Zeit genötigt, die Tageskasse zu beschlagnahmen, um nicht um ihre Gehälter zu kommen. Auch war das Publikum mit den Bühnenreformen unzufrieden. Man wollte zu Hamburg keine Literatur auf der Bühne, sondern Spektakel. Gab es das nicht, ging man lieber in den Zirkus. Das zunächst abgeschaffte Ballett wurde bereits am vierten Abend wieder eingeführt. Löwens Belehrungen wollte niemand hören; «Mad. Hensel war nicht umgänglicher geworden, seit ihr Geliebter der geschäftliche Leiter und die Frau des Direktors ihre Kollegin geworden war. Das Unmöglichste von allem war die Doppelstellung Ackermanns, der einerseits als Mitglied der Truppe Löwen unterstellt, andererseits Besitzer des ganzen Theaters war und ein Gläubiger, den man nicht bezahlen konnte.»[57] Lessing schrieb genau einen Monat nach der Eröffnung:

> Von meinen Umständen weiß ich selbst nicht recht, was ich Dir melden soll. Mit unserm Theater (das im Vertrauen!) gehen eine Menge Dinge vor, die mir nicht anstehn. Es ist Uneinigkeit unter den Entrepreneurs, und keiner weiß, wer Koch oder Kellner ist.[58]

Im September «war man dicht am Bankrott; und am 4. Dezember nahm die Truppe Abschied und zog nach Hannover, wo sie bis Anfang Mai 1768 mit beßrem Erfolge spielte. Dann wurde noch einmal mit frischen Kräften ein Versuch auf Hamburg gewagt», und «nachdem sich das Unternehmen noch ein halbes Jahr hingeschleppt, fand am 28. November die Schlußvorstellung statt».[59] Ackermann wurde wieder Prinzipal und zog mit der Truppe nach Braunschweig.[60]

Daß man diese Geschichte erzählen kann, ohne Lessing auch nur zu erwähnen,[61] ist evident, und daß ich sie inklusive Erwähnung erzählt habe, kann mich von diesem Hinweis nicht entbinden. Doch die Hamburger Nationaltheater-Episode war immerhin einer der Gründe, die Lessing nach Hamburg brachten – und mit ihr war der Plan zu einer Theaterzeitschrift verbunden, die zwar auch nicht das wurde, was sie werden sollte, aber dafür die engste Verbindung darstellt, die der Name der Stadt jemals mit einem Stück Philosophie eingegangen ist: die «Hamburgische Dramaturgie». Lessing wollte sich nicht als Dichter für das Theater engagieren lassen – zu kontinuierlicher Produktion mochte er nicht angehalten werden. So nahm man ihn denn als hauseigenen Kritiker. Er sollte die Inszenierungen des Hauses kommentieren – die Stücke, die Aufführung, die Leistungen der Schauspieler. Von letzterem kam Lessing bald ab:

Meiner Absicht nach sollten diese Blätter hauptsächlich der Kritik der Schauspieler gewidmet sein: ich sehe aber wohl, daß mit diesem Volke nichts anzufangen ist: sie nehmen Privaterinnerungen übel, was würden sie bei einer öffentlichen Rüge tun: ich werde es also wohl die Autoren müssen entgelten lassen.[62]

Was die «Dramaturgie» wird, wird eigens zu besprechen sein.

Für das Theater schrieb Lessing dennoch, aber es wurde nichts fertig. Drei Fragmente fanden sich in seinem Nachlaß, an denen er in der Hamburger Zeit gearbeitet hatte: «Der Schlaftrunk», «Die Matrone von Ephesus», «Der Galeerensklave».[63] Das letztere sollte die Bearbeitung eines Stoffes sein, der bereits einem französischen Drama zum Vorwurf gedient hatte, mit dem Lessing aber nicht zufrieden war. Die wenigen Notizen lassen das Stück nicht einmal in Umrissen erkennen. «Der Schlaftrunk» soll auf eine Wette zurückgegangen sein. Lessing, so berichtet sein Bruder Karl, hatte einmal geäußert, es gebe keine Stoffe, die aus sich heraus nur eine tragische oder nur eine komische Bearbeitung forderten:

Man könne aus allem eine Komödie oder Tragödie machen – nur auf die Bearbeitung komme es an, nicht auf den Stoff. Daraufhin gab einer der Anwesenden Lessing die Aufgabe, eine Komödie aus dem Stichwort «Schlaftrunk» zu machen. Lessing fing in Berlin damit an, setzte die Arbeit in Hamburg fort – und legte sie beiseite. Auch hier ist weder aus der Inhaltsskizze noch aus den wenigen ausgeführten Szenen zu erkennen, worauf die Komödie hinauslaufen sollte. Auch Lessing selbst wußte es irgendwann nicht mehr, wie er dem Bruder später brieflich bekannte.

Am weitesten ausgearbeitet ist die «Matrone von Ephesus». Die zugrundeliegende Geschichte stammt aus Petronius' «Gastmahl des Trimalchio». Lessing nennt sie in der «Hamburgischen Dramaturgie» «unstreitig die bitterste Satyre, die jemals gegen den weiblichen Leichtsinn gemacht worden».[64]

Es geht um eine junge Witwe, die, untröstlich über den Tod ihres Mannes, in der Gruft, in der er beigesetzt ist, sterben will. Ein Soldat kommt nachts (aus welchem Grunde auch immer) in diese Gruft, verliebt sich in sie, und sie verliebt sich in ihn. In der Zwischenzeit wird der Leichnam eines Hingerichteten, den der Soldat hatte bewachen müssen, vom Galgen (bei Petronius vom Kreuz) gestohlen. Da dem Soldaten eine schwere Strafe droht, kommt die verliebte Witwe auf die Idee, den Leichnam ihres Mannes an dessen Stelle aufzuknüpfen (bzw. ans Kreuz zu schlagen). Lessing bespricht in der «Dramaturgie» die Bearbeitung durch einen französischen Autor, die ihm aber zu grob geraten ist. Er will, daß man die Frau nicht verachte, jedenfalls nicht diese, sondern allenfalls die Schwachheit der Frauen generell – nun ja. Lessing macht Andeutungen, wie er sich die Bearbeitung des Themas denkt, nämlich subtiler, und die Verführung müsse so gestaltet werden, daß jede Frau und nicht nur eine besonders wankelmütige ihr erliegen würde. Weitere Andeutungen lösen sich nicht auf, sondern sollen die Spannung steigern. Lessing vertröstet die Leser auf an anderem Orte auszuführende weitere Erläuterungen, das heißt wohl auf das Stück, an dem er arbeitet und das er zu vollenden vorhat. Aber auch hier ist das erhaltene Fragment nicht genug ausgearbeitet, als daß man sehen könnte, wie Lessing pointieren wollte. Eines wollte er uns offenbar ersparen: Der Diebstahl der Leiche sollte sich als Irrtum herausstellen, so daß die Idee der Witwe nicht zur Ausführung kommen muß.

Nichts als drei Fragmente also. So muß denn, wenn von Lessings Theater zur Hamburger Zeit die Rede sein soll, von «Minna von Barnhelm» gesprochen werden.

Minna

Für Maren Eggert

E r hatte sie, ich sagte es schon, nach Hamburg mitgebracht, und hier sollte sie das erste Mal auf die Bühne kommen.

Zur Ostermesse 1767 war «Minna von Barnhelm, oder das Soldatenglück» im Druck erschienen. Eine Uraufführung in Hamburg sollte sogleich erfolgen. Aber die Hamburger trauten sich nicht. Am 4. August schrieb Lessing an Nicolai, er habe doch zu Recht prognostiziert,

> daß man meine Minna nicht aufzuführen wagen würde […] Hier ist sie auf Ansuchen des H. von Hecht zu spielen verboten, und dieser sagt, daß er den Befehl dazu von Berlin erhalten.[65]

Johann Julius Hecht war geheimer Legationsrat und preußischer Resident in Hamburg, der, so hieß es, die Aufführung der «Minna» zu verhindern versucht habe. Handelte es sich tatsächlich um eine diplomatische Offensive Berlins, und ging man in Hamburg in die Knie? Das Hamburger Senatsprotokoll vom 11. September verzeichnet, daß Lessing ein «Pro Memoria» nach Berlin gesandt und von dort die Antwort erhalten habe, daß es keine solche Anweisung gebe. Hecht selber bitte um Aufführung der «Minna» und habe bereits eine Loge für die Premiere bestellt.[66] Gleichwohl solle es beim Verbot bleiben. Das Senatsprotokoll vom 23. September verzeichnet aber, daß Hecht nun habe verlauten lassen, es bestünden in Berlin keine Bedenken mehr und er habe nichts mehr gegen eine Aufführung.[67] Darauf hob Hamburg das Verbot wieder auf, und es kam am 30. September 1767 zur Uraufführung am Gänsemarkt.

Der Vorgang ist befremdlich, aber nicht unerklärbar. «Die Anerkennung als freie Reichsstadt, von Dänemark bis zum Gottorper Vertrag von 1768 verweigert, beruhte nicht allein auf dem Schutz durch England und Frankreich, sondern auch durch Brandenburg-Preußen und Österreich.»[68] Dazu kommt, daß sich der Senat für das Theater nicht interessierte. Warum, könnte man auch nicht zu Unrecht fragen, sollte sich eine Stadtregierung politische Probleme einhandeln wegen eines Theaterstücks? «Und schließlich war Preußen ein ernsthafter Faktor der hamburgischen Politik [...] und Wirtschaft, die gerade damals bessere Handelsbeziehungen in Berlin durchzusetzen suchte.»[69] Hamburg wäre nicht Hamburg, wenn man sich anders entschieden hätte.

Eine Rezension gibt es nicht. Man streitet darüber, ob das Stück in Hamburg ein Erfolg gewesen ist.[70] Ist es einer gewesen, so hat das vielleicht auch an den Luftspringern gelegen, die man nach der ersten Aufführung zwischen den Akten auftreten ließ, wie berichtet wird. Heinrich Christian Boie schrieb an Gleim: «Der Geschmak des Hamburgischen Publikums ist höchst verdorben; um einen Beweis Ihnen davon zu geben, will ich nur sagen, daß Lessings Minna fast gar keinen Beifall gefunden hat; ich meine das Stük, denn Tellheims preußischen Officiersrock hat man mit Vergnügen auf dem Theater gesehen, weil das etwas ganz neues war.»[71] Auch erwähnt er eine Gauklertruppe, die weit mehr Aufmerksamkeit auf sich zog. Wie dem auch gewesen sein mag – außerhalb Hamburgs war «Minna von Barnhelm» ein unbezweifelbarer Erfolg, ja der größte, den ein deutsches Theaterstück bis zu diesem Tage gehabt hatte. «Nach der Uraufführung am 30. September 1767 wird es in Frankfurt (17. Oktober 1767), Wien (14. November 1767), Leipzig (18. November 1767), Berlin (21. März 1768 [Döbbelin]; 3. August 1771 [Koch]) gegeben, es wird ins Französische, Englische, Italienische übersetzt [...] Bis etwa 1777 hält sich das Lustspiel auf dem Theater, dann scheint man es als veraltet zu empfinden.»[72] Eine zeitgebundene Empfindung, der ihrerseits zu veralten bestimmt war. Wenige Stücke aus deutscher Feder gibt es, die, wenn nicht durch Regiefirlefanz entstellt, sondern – allerdings von kompetenten Schauspielern – sozusagen vom Blatt gespielt, so zu ergreifen vermögen.

Lessing erweist sich hier wieder einmal als virtuoser Techniker der Bühne. Daß die Handlung – referiert – eher banal wirkt, zeigt, wie sehr hier das Wie über das Was triumphiert. Der Siebenjährige Krieg bildet den Hintergrund des Stückes, aber der Zeitbezug ist, trotz Goethes diesbezüglicher Einlassungen im achten Buch von «Dichtung und Wahrheit», sekundär. Ein Krieg ist vorüber. Das zivile Leben soll wieder aufgenommen werden, und das ist nicht so einfach. Minna von Barnhelm macht sich in Begleitung ihrer Kammerzofe auf, ihren Verlobten, den Major Tellheim, zu finden. Als sie ihn findet, ist er unerwartet spröde.

Die Erklärung für sein Verhalten wird sein, daß man ihn zu Unrecht verdächtigt, Gelder unterschlagen zu haben, ihm seinen Sold vorenthält, weshalb er im Wirtshaus das Logis nicht bezahlen kann. Darüber hinaus ist auf Grund einer Schußverletzung sein rechter Arm leicht verkrüppelt. Er will seiner Braut keinen Mann zumuten, der körperliche Gebrechen hat, ihr keinen ordentlichen Lebensstil bieten kann und dessen Ehre in Zweifel gezogen wird. Am Ende weiß Minna sich nicht anders zu helfen als dadurch, daß sie den Spieß umdreht: Sie läßt durchblicken, daß ihr Vater sie verstoßen habe, weil sie Tellheims wegen andere Bewerber um ihre Hand ausgeschlagen habe, daß sie auf keine Mitgift mehr rechnen könne – sie verstehe Tellheim, daß er sie nun nicht mehr wolle. Worauf Tellheim – natürlich – nun seine Ehre daransetzt, sie doch zur Frau zu gewinnen. – Das alles ist dann doch nicht so ganz einfach, der Verwicklungen gibt es mehrere, auch Mißverständnisse, wie es zur Komödie gehört. Schließlich haben wir neben der Hohen Minne auch noch die Niedere zwischen Minnas Zofe und dem «gewesenen Wachtmeister» des Majors, wir haben komische Figuren in allerlei moralischen Schattierungen.

Kein Kunstwerk von Rang läßt sich auf einen Nenner bringen. Was die Wirkung des Stücks ausmacht, ist zunächst nichts als die Spannung, in die man durch das Agieren zweier Menschen gerät, die ihr Glück aufs Spiel setzen. Das ist im übertragenen wie fast im wörtlichen Sinn zu verstehen. Minna liebt Tellheim, Tellheim liebt Minna, und doch läuft fast alles verkehrt. Albern wäre es, alles auf verschrobene Ehrbegriffe des Offiziers und Adligen zu schieben, denn sie sind nicht verschroben. Tellheims Probleme sind real, und sie sind nicht von der Art, daß man einfach mit einem «Pustekuchen!» darüber hinweggehen könnte. Zudem liebt Minna Tellheim gerade, weil er ist, wie er ist. Sie hat sich wegen einer großmütigen, aber vor allem ehrbedachten Geste in ihn verliebt, wie sie sagt, bevor sie ihn gesehen hat. Es gehört zur Dramaturgie, daß ihn gerade diese Tat nun unter Verdacht geraten läßt und ihm zudem die finanziellen Schwierigkeiten einträgt. Tellheim stellt nicht einfach die Ehre über die Liebe, sondern sein Begriff von Liebe erlaubt es nicht, mit dem Lebensglück der Geliebten fahrlässig umzugehen.

Minna aber ist nicht einfach eine Liebende. Als Liebende hätte sie warten können. Sie ist vor allem eine Aktive. Sie tut etwas ganz Unweibliches im Sinne der ihr zukommenden sozialen Rolle: Sie macht sich auf den Weg, sucht den Offizier in einem kriegsversehrten Lande auf eigene

Faust. Um so schockierender ist Tellheims Sprödigkeit. Als sie nun versucht, ihn durch ihren Trick zu gewinnen, zeigt sie sich als Spielerin. Sie treibt es zu weit, die Zofe sieht das und ringt die Hände. Sie spielt die Rolle zu gut, fast geht es schief. – Vor diesem Hintergrund ist die Figur des Riccaut zu sehen, dessen berühmtes «corriger la fortune» als Euphemismus für den Betrug beim Spiel auch der kennt, der die «Minna» nicht kennt, eine Figur, die manch einem viel Kopfzerbrechen gemacht hat: wie einem Lessing eine deutlich von nationalem (das heißt antifranzösischem) Ressentiment gezeichnete Figur habe unterlaufen können. Der dramaturgische Sinn der Rolle Riccauts ist vielgestaltig. Das Stück braucht ihn als Boten dafür, daß sich Tellheims Geschicke wenden – und er ist derjenige, bei dem deutlich wird, daß Minna eine Spielerin ist: Wenn sie ihm mit Geld aushilft, so bleibt die Deutung, sie habe sich nicht am Spielkapital beteiligen, sondern ein kaschiertes Almosen geben wollen, doch ein wenig zweifelhaft. Zudem ist jenes «corriger la fortune» genau das, was Minna tut. Sie läßt die Würfel nicht liegen, wie sie nun mal gefallen sind. Man denke auch an den Untertitel des Stückes, der *fortune*, nicht *happiness* meint. Und endlich ist Riccaut etwas wie der dunkle Schatten Tellheims. Auch er ist in finanziellen Nöten; auch ihm ist, wie es scheint, nicht sein Recht geworden. Mit ein wenig weniger Ehrpusseligkeit wird man in solchen Lagen leicht zum Glücksspieler und Betrüger. Ein etwas weniger halsstarriger Tellheim könnte leicht zum Riccaut werden, den Minna nur noch bedauern, aber nicht mehr lieben könnte. Im Gespräch zwischen Minna und der Zofe Franziska fallen denn auch ein paar der wichtigsten Sätze des Stücks. Franziska nennt Riccaut einen Schurken, sie ist empört, daß ihre Herrin einem solchen Lumpen auch noch Geld hinterherwirft.

> DAS FRÄULEIN *kalt und nachdenkend, indem sie trinkt:* Mädchen, du verstehst dich so trefflich auf die guten Menschen: aber, wenn willst du die schlechten ertragen lernen? – Und sie sind doch auch Menschen. – Und öfters bei weitem so schlechte Menschen nicht, als sie scheinen. – Man muß ihre gute Seite nur aufsuchen. – […]

> FRANCISKA: Nein, gnädiges Fräulein; ich kann beides nicht; weder an einem schlechten Menschen die gute, noch an einem guten Menschen die böse Seite aufsuchen.[73]

In seinem «Faust»-Fragment hat Lessing Faust die Schnelligkeit des schnellsten Teufels so benennen lassen: «So schnell als der Übergang vom Guten zum Bösen.»[74] Seine «Minna» ist nicht dazu da, diesen Satz zu erläutern, aber die Spannung der Handlung und der sie tragenden Charaktere lebt von dieser möglichen Nähe der moralischen Extreme – und davon, daß beides in den Charakterpotentialen angelegt ist. Beide, Minna wie Tellheim, können grausam sein – miteinander und anderen gegenüber (Tellheim vs. Werner); beide legen eine gewisse Bedenkenlosigkeit beim Verfolgen ihrer jeweiligen Selbstentwürfe an den Tag; beide sind auch vom Schlage derer, die einander lieben, weil sie die Bewunderung lieben, die sie im Auge des anderen sehen. Lessing läßt uns das aus dem Blickwinkel des Außenstehenden – zum Beispiel Franciskas – erkennen.[75] Und wir sollen merken, daß wir die beiden darum mögen, weil (und auch nur solange) wir in ihren Narzißmus eintauchen können. Der heruntergekommene Riccaut handelt wirklich altruistisch, vielleicht weil ihm nichts anderes mehr übrigbleibt, will er sich nicht ganz aufgeben: Er nimmt dieselbe Mühe auf sich wie Minna, weil er Tellheim finden und ihm eine gute Nachricht bringen will.

Endlich zeigt sich Lessing in der «Minna» als Meister des Einsatzes und der Dialogführung. Der aufwachende Diener Just, der noch halb im Schlaf den zweifelhaften Wirt verwünscht, wirft den Zuschauer sofort in das Stück hinein, seinen Ton, seine Atmosphäre, sein Tempo. Der Schluß der «Minna» schlägt demjenigen, der am Ende die gefühlige Umarmung oder die bedeutende Gruppe sehen will, die Tür vor der Nase zu. Das konnte in Deutschland *vor* Lessing keiner – wer konnte es nach ihm *so*? Und welche Dialoge lassen sich diesen Wortwechseln an die Seite stellen? Wohl nur noch die der «Emilia» und die des «Nathan».

Fermenta cognitionis

Was eigentlich ist die «Hamburgische Dramaturgie»? Zunächst: ein unordentliches Buch. Es kann ja nicht anders sein, betrachtet man den anfänglichen Zweck und die Unmöglichkeit, ihn zu verfolgen. Erschienen ist sie als zweibändige Ausgabe, gesetzt bei Bode und Lessing, vertrieben durch Cramer in Bremen. «Voraus liegt die periodische Erscheinungsweise in ‹Stücken› (im heutigen Sprachgebrauch: ‹Nummern›), die zweimal wöchentlich, dienstags und freitags, herauskommen. Am 22.4.1767 veröffentlicht Lessing die *Ankündigung*, am 8.Mai folgen die ersten drei Stücke. Zweimal sieht sich Lessing aufgrund von Raubdrucken (in Leipzig und Hamburg) zur Unterbrechung gezwungen. Die erste Pause liegt zwischen dem 31. Stück (dem 14.8.1767) und dem 32. Stück, das erst am 8.12.1767 erscheint, die zweite leitet zugleich das Ende des Theaterblatts ein. Mitte April 1768 liegen 82 Stücke vor, die Stücke 83–104 veröffentlicht Lessing dann nicht mehr einzeln, sondern erst ein Jahr später zusammen mit dem zweiten Band der *Hamburgischen Dramaturgie*, die mit ihnen schließt. In der Datierung hält er jedoch die Fiktion des regelmäßig erscheinenden Periodikums aufrecht, so daß das Schlußstück (101.–104. Stück) das Datum des 19.4.1768 trägt.»[76]

Der Inhalt der «Dramaturgie» ist ein kurioses thematisches Patchwork. Es finden sich: Aufführungsrezensionen neben allgemeinen Betrachtungen über die Darstellungskunst; Erörterungen der Poetik des Aristoteles; mal kurze, mal sich über Dutzende von Seiten erstreckende Analysen einzelner Dramen; Ausführungen über den Zweck der Tragödie und Komödie; Erörterungen über Sinn und Unsinn regelgeleiteter Dichtung; polemische Auseinandersetzungen mit den Dramen Gottscheds und dem französischen Theater, gegen das, immer wieder, Shakespeare in Stellung gebracht wird. Die zeitgenössische Aufnahme der «Dramaturgie» war verhalten. Man meinte, Lessing renne mit seinen Polemiken gegen Gottsched und Racine, Corneille und vor allem Voltaire offene Türen ein. Die Aristoteles-Kommentare empfand man weithin als Altphilologie am falschen Ort.[77]

Hamburgische Dramaturgie.

Erster Band.

Hamburg.

In Commission bey J. H. Cramer, in Bremen.

Titelblatt der Erstausgabe, 1767

Im Laufe des 19.Jahrhunderts kam es zu einer grundsätzlichen Neubewertung der «Dramaturgie». Nun las man sie als die Gründungsschrift für ein deutsches Theater, das sich von den französischen Einflüssen emanzipierte, als Beginn der deutschen Shakespeare-Rezeption. Es ist eine Frage der Perspektive. Der Hinweis, daß Lessing einflußreich war, ist richtig, jener, daß seine Ansichten im Trend lagen, ebenfalls: Er wäre sonst nicht so einflußreich gewesen. Die Lessing-Lektüre des 19.Jahrhunderts ging allerdings fehl hinsichtlich des Nationalen. Lessings Kampf gegen das französische Theater hatte mit dem Nationalismus des 19.Jahrhunderts, der die Folie abgibt, vor der das Bild des National-Heros (im Gegensatz zum «Französling» Wieland) entsteht, nichts zu tun. Wie Wieland, der den Patriotismus eine «Modetugend» nennt, mit der er nichts anfangen könne,[78] und für den Literatur nur dann von nationaler Bedeutung ist, wenn sie internationalen Standards zu genügen vermag,[79] führt Lessing gegen Gleims patriotische Gesänge an, daß sie Gefahr liefen, Gesinnungsliteratur zu werden («der Patriot überschreit den Dichter zu sehr»[80]), und überhaupt habe er «von der Liebe des Vaterlandes [...] keinen Begriff», sie scheine ihm «aufs höchste eine heroische Schwachheit», die er «recht gern entbehre».[81]

Gleichwohl waren beide, Wieland wie Lessing, die bedeutendsten Pioniere, was die Beförderung einer eigenständigen deutschen Literatur angeht. Was Lessing vor allem für das Theater und den kulturkritischen und kulturhistorischen Essay (und die Form der Polemik) geleistet hat, leistete Wieland für eine Vielzahl von Gattungen, so den Roman, den politischen Essay, die epische Poesie, die Form des Dialogs, das Libretto und das Kunstmärchen.[82]

Wenn man die Bedeutung dieser Autoren würdigen will, muß man eine Besonderheit der deutschen Literaturentwicklung in den Blick nehmen: ihre Diskontinuität. Die mittelalterliche Literatur war im 18.Jahrhundert nicht präsent, sondern wurde erst wiederentdeckt. Den «Simplicissimus» las man, Lessing gab gemeinsam mit Karl Wilhelm Ramler Gedichte Friedrich Logaus heraus, aber die Literatur des Barock war keineswegs geläufig. Vielmehr war die Auffassung allgemein verbreitet, die deutsche Literatur müsse erst erfunden werden. Man hatte nicht das Gefühl, man könne an etwas Vorhandenes anknüpfen (es fortsetzen, es überwinden), sondern man müsse bei Null anfangen. Man suchte nach Orientierungen, und das tat man mit Blick durch die Zeiten und über die Grenzen. Klopstock wollte eben nicht vor allem Klopstock, sondern der deutsche (und christliche) Homer sein. Lessing beschäftigte sich mit dem Theater des Sophokles. Gottsched orientierte sich am französischen Theater, Bodmer, Wieland und Lessing empfahlen dagegen Shakespeare zur Orientierung. Man versteht aber Lessing (wie Wieland, der ebenfalls gegen Gottsched polemisierte) falsch, wenn man als Motiv Nationalstolz vermutet. Ein Zeuge Lessings gegen das klassische französische Theater ist zum Beispiel Diderot, dessen Theorie und Praxis er ein eigenes Buch widmete. Lessing wie Wieland ging es nicht ums Nationale, sondern um die Literatur. Wenn sie sich dagegen aussprachen, daß die deutsche Literatur irgendwelche ausländische (und vor allem französische) nachahmte, dann geschah das nicht aus nationalen Beweggründen, sondern weil das Verfertigen von Literatur nach Mustern zu schlechter Literatur führe. Es geht um die Einsicht, daß Literatur nicht durch Adaption von Stoffen an vorgegebene formale Regeln entstehe, sondern auf Grund der inneren Erfordernisse von Stoff und Form. Lessings «Hamburgische Dramaturgie» ist der Versuch, dies immer wieder an unterschiedlichen Beispielen zu demonstrieren. Was daraus entsteht, ist kein neues Regelwerk (und soll das auch nicht sein), sondern eine Lektion in poetologischem Selberdenken.

Damit verschränkten sich in der «Hamburgischen Dramaturgie» zwei Zeittendenzen. Die eine besteht, wie gesagt, im Bemühen um eine Erneuerung der deutschen Literatur, die andere nennen wir mit dem Wort, das sich in jener Zeit einzubürgern beginnt: Aufklärung. «Was ist Aufklärung?» ist die berühmte kleine Schrift Kants überschrieben, und die Antwort, die er darin gibt, läßt sich in dem Satz zusammenfassen, den er selbst zum Wahlspruch der Aufklärung bestimmt: «Habe Mut, dich deines eigenen Verstandes zu bedienen.» Nun, ganz so einfach ist die Sache am Ende nicht,[83] aber für unsere Zwecke mag das hinreichen. Es ist immer mißlich, komplexe Erscheinungen auf einen Begriff und ein Motto zu bringen, aber immerhin läßt sich sagen, daß der intentionale Kern aller Bemühungen, die unter den Begriff der Aufklärung fallen, das Bestreiten des Weltdeutungsmonopols der Religion ist. Wo dieses bestritten wird, stellt sich die Frage, wie denn die Welt angesehen werden soll, wenn diese normative Vorgabe wegfällt. Insofern folgt der Imperativ des Selberdenkens aus dem Bestreiten der traditionellen Denkvorgaben.

In diesem Sinne habe ich eingangs die «Hamburgische Dramaturgie» eine der bedeutendsten Schriften der deutschen Aufklärung genannt, und das hätte ich nicht getan, wäre ihre Bedeutung einzig auf die Diskussion von Theaterrelevantem beschränkt. Im Gegenteil: Wenn man sie nur als literaturtheoretisches Dokument liest, wird sie rasch langweilig. Was Lessing in dieser Hinsicht sagen will, hat man bald spitz und mag es nicht noch Dutzende Male gesagt bekommen. Aber interessant ist – trotz unleugbarer Langatmigkeiten – das Wie. Lessing will darlegen, *wie* ein Stück wirkt, *wie* man einen Stoff zur Wirkung bringt – literarisch und darstellerisch; er denkt über die Frage nach, *wie moralisch* Literatur zu sein habe *und in welcher Weise, wie* man menschliches Verhalten auf *plausible* Weise auf die Bühne bringe und so weiter. Weil er all dies erörtert, ohne auf normative Vorgaben zu rekurrieren, muß er eine umfassende Hypothese menschlichen Verhaltens entwerfen. Und im Zentrum dieses Vorwurfs steht die Frage nach den menschlichen Emotionen. Die «Hamburgische Dramaturgie» fällt ebenso ins Fach der Theaterliteratur wie in das der Anthropologie. Lessing stellt eine komplexe Theorie der Emotionen vor, aber er tut das nicht systematisch, sondern eben so, wie es ihm die Erörterung von Fragen des Theaters am Beispiel einzelner Theaterstücke erlaubt oder aufnötigt. In dieser Hinsicht soll uns die «Hamburgische Dramaturgie» noch etwas beschäftigen.

Für Lessing, das muß vorausgeschickt werden, hat das Theater, vornehmlich die Tragödie, einen moralischen, oder sagen wir: ethischen Sinn. Der aber manifestiert sich nicht im auf der Bühne behandelten Thema, einer so oder so beschaffenen Lektion, in der Darstellung nachahmenswerter Handlungen oder der Vorführung bewunderungswürdiger Charaktere oder Handlungen. Hierüber hatte sich Lessing bereits in Briefen an die Freunde Nicolai und Mendelssohn deutlich ausgesprochen. In den Jahren 1756/57 hatten sich die drei brieflich über das Theater, vornehmlich die Theorie des Trauerspiels verständigt. In diesen Briefen hatte Lessing deutlich gemacht, daß er die Idee, bewunderungswürdige und zur Nachahmung ermunternde Handlungen auf die Bühne zu bringen, ablehnte. Der Sinn des Trauerspiels sei es, die Fähigkeit des Menschen, Mitleid zu empfinden, einzuüben. «Mitleid» – damit ist nicht das gemeint, was wir heute darunter verstehen, sondern eine Emotion, die zwar auch unser Mitleid einschließt, aber weiträumiger gemeint ist. Man könnte generell von «Anteilnahme», «Sympathie» oder «Empathie» sprechen – der Fähigkeit also, sich auf emotionelle Weise in einen anderen hineinzuversetzen und dessen Schicksal so zu erleben und empfinden zu können, als wäre es das eigene.

48

Ich [...] gebe Ihnen zu überlegen, ob die tugendhafte Tat, die ein Mensch aus bloßer Nacheiferung, ohne deutliche Erkenntnis, tut, wirklich eine tugendhafte Tat ist, und ihm als eine solche zugerechnet werden kann? Ferner dringe ich darauf: die Bewunderung einer schönen Handlung kann nur zur Nacheiferung eben derselben Handlung, unter eben denselben Umständen, und nicht zu allen schönen Handlungen antreiben; sie bessert, wenn sie ja bessert, nur durch besondere Fälle, und also auch nur in besonderen Fällen. [...] Wie unendlich besser und sicherer sind die Wirkungen meines Mitleidens! Das Trauerspiel soll das Mitleiden nur überhaupt *üben*, und nicht uns in diesem oder jenem Falle zum Mitleiden bestimmen. Gesetzt auch, daß mich der Dichter gegen einen unwürdigen Gegenstand mitleidig macht, nemlich vermittelst falscher Vollkommenheiten, durch die er meine *Einsicht* verführet, um mein *Herz* zu gewinnen. Daran ist nichts gelegen, wenn nur mein Mitleiden rege wird, und sich gleichsam gewöhnt, immer leichter und leichter rege zu werden. Ich lasse mich zum Mitleiden im Trauerspiele bewegen, um eine Fertigkeit im Mitleiden zu bekommen; findet aber das bei der Bewunderung Statt? Kann man sagen: ich will gern in der Tragödie bewundern, um eine Fertigkeit im Bewundern zu bekommen? Ich glaube, der ist der größte Geck, der die größte Fertigkeit im Bewundern hat; so wie ohne Zweifel derjenige der beste Mensch ist, der die größte Fertigkeit im Mitleiden hat.[84]

Ich bitte auf den letzten Satz zu achten: Er ist, man mag sagen, was man will, nun wahrlich nicht selbstverständlich. Wie wenig man ihn – und den zitierten Argumentationsgang – gemeinhin begriffen hat, zeigt sich am immer wieder losbrechenden Verwundern über den Schluß der «Emilia Galotti». Bekanntlich tötet da ein Vater seine Tochter auf deren ausdrückliches Ersuchen hin, um ihre Tugend vor künftigen Anfechtungen, denen zu erliegen sie voraussieht, ein für allemal sicherzustellen. Man pflegt immer wieder irritiert zu fragen, ob Lessing die Tat gar billige, ob er, im Gegenteil, leerlaufenden Tugendwahn habe kritisieren wollen und so weiter. Lessing demonstriert nichts. Er will uns in ein Geschehen hineinzuziehen, in dem wir – wie bei «Minna» –, gleichgültig wie wir selbst handeln würden, gleichgültig wie unsere Tugendparameter beschaffen sein mögen, um das Leid der anderen weinen. Darin besteht unser moralisches Vermögen. Und darum ist Lessings Raisonnieren über das Theater die Konstruktion einer Ethik – «Ethik» als Reflexion darüber verstanden, was Moral sei. Die «Hamburgische Dramaturgie» ist (auch) eine Ethik. Eine Ethik in Form einer Theorie der Emotionen aus Anlaß einer dramaturgischen Kasuistik.

Hier muß eine weitere Zwischenbemerkung eingeschaltet werden. Moralische Fragen und ethische Reflexion sind stets die zentrale Herausforderung aufklärerischen Bemühens gewesen. Simpel ausgedrückt: Wenn einem keiner sagt, was man tun soll, woher soll man's wissen? Oder: Stimmt es, daß, wenn es keinen Gott gibt, alles erlaubt ist? Diese Frage trieb nicht nur Leute vom Schlage Dostojewskis um. Oder: Ist, wenn die moralischen Maßstäbe nicht von einer transzendenten Instanz bezogen werden, die Gebote erläßt, nichts mehr geboten und alles beliebig? Das ist die Ansicht der Päpste Johannes Paul II. und Benedikt XVI. (und vermutlich aller ihrer Vorgänger und Nachfolger). Und es gibt die (je nach Gusto «zynisch» oder «realistisch» zu nennende) Antwort: Macht doch, was ihr wollt, ihr werdet es wie eh und je rechtfertigen, sei es mit Berufung auf eine Religion, auf die Vernunft, auf was auch immer. Will man diese Antwort nicht akzeptieren, so bleiben für den, der der Religion nicht als moralsetzender Instanz das letzte und verbindliche Wort lassen will, die klassischen in der Moralphilosophie diskutierten Möglichkeiten. Die pflegt man einzuteilen in utilitaristische, Pflicht- oder Mitleidsethiken, und weil das Wort Mitleid eben gefallen ist, könnten wir versucht sein, Lessing entsprechend einzuordnen und ihn als Vorläufer Schopenhauers anzusehen. Aber das führte in die Irre. Holen wir ein wenig aus, um das Problem historisch wie systematisch zu erfassen.

Der Krieg ist zwar nicht der Vater aller Dinge, aber vieler schon, und in gewissem Sinne (und kurioserweise) ist er der Vater der Moralphilosophie. Der Seeschlacht von Salamis (480 v. u. Z.) wird traditionellerweise die Bedeutung zugeschrieben, daß durch den Sieg der Athener über die persische Kriegsmarine die Orientalisierung Griechenlands verhindert und damit die Entwicklung einer eigenständigen okzidentalen Kultur ermöglicht worden sei, und dem soll gar nicht widersprochen werden. Aber diese Schlacht bedeutete noch etwas anderes. Dabei muß man sich vergegenwärtigen, wie sich angegriffene Städte normalerweise verteidigten. Das Muster dafür liefert die Schlacht von Marathon, in der sich Athen 490 v. u. Z. erfolgreich gegen den ersten persischen Invasionsversuch zur Wehr gesetzt hatte: Man zog dem Feind entgegen und versuchte, ihn möglichst weit vor der Stadt zu schlagen. Da wegen der persischen Übermacht ein solches Unternehmen 480 chancenlos war, wählten die Athener einen anderen Weg: Sie evakuierten die gesamte Stadt und überließen sie dem Feind. Frauen und Kinder wurden auf

Inseln vor der Küste in Sicherheit gebracht, die wehrfähigen Männer bemannten die Kriegsschiffe, die dann wegen ihrer besseren Manövrierfähigkeit und des klug gewählten Ortes die Seeschlacht gewannen, worauf die Perser sich aus Athen zurückzogen. Die Situation hatte den Athenern einen ungewöhnlichen Plan aufgenötigt, und man erlebte, daß man erfolgreich sein konnte, wenn man radikal unkonventionell war. Eine weitere Folge der Schlacht war die Ausdehnung des Gleichheitserlebnisses auf den Ruderbänken auf die Politik – die bereits zwanzig Jahre zuvor in ihren Grundzügen eingeführte Demokratie wurde ebenfalls radikalisiert. Es folgte der politische Aufstieg Athens, die Gründung des Seebunds unter seiner imperialen Führung, die ungeheure kulturelle Entwicklung in allen Künsten. Der Althistoriker Christian Meier weist auf die dramatische Schnelligkeit dieser Entwicklung hin, in die man sich nicht irgendwie hineinfand, sondern die man – und ganz bewußt – machte. Meier spricht von einem diese Entwicklung begleitenden «Könnensbewußtsein», einem, wenn man so will, Heißlaufen instrumenteller Rationalität.[85] Die sogenannte Sophistik – auch genannt die «griechische Aufklärung» – war der intellektuelle Ausdruck dieser Entwicklung, in ihr traten immer wieder Denker an die Öffentlichkeit, die das «Gemachte» von Politik und Moral in den Vordergrund stellten.[86] Politisch resultierte diese Entwicklung in einem Desaster. Der dreißig Jahre andauernde Peloponnesische Krieg mit Sparta endete für Athen in einer militärischen Katastrophe. Begonnen hatte Athen (unter der Führung des in der traditionellen Geschichtsschreibung ganz unverdient gut wegkommenden Abenteurers Perikles) den Krieg in ebendiesem Gefühl, alles zu können, so auch einen Krieg gegen einen als Landmacht militärisch überlegenen Konkurrenten. Der von Perikles ersonnene Kriegsplan berücksichtigte nicht, daß Kriege nur sehr begrenzt planbar sind, daß alles darauf ankommt, wie man im Laufe des Krieges mit dem zurechtkommt, was Clausewitz «Friktionen» nennt, also mit dem, was anders läuft als geplant.

Eine der wichtigsten kulturellen Folgen der Niederlage Athens war das Auftreten des anti-sophistischen und anti-demokratischen Sophisten Sokrates und die Umformung seiner mündlichen Interventionen in das erste abendländische philosophische System. Sokrates, für den sich das konservative und autoritär verfaßte Sparta dem unkonventionellen, demokratischen Athen gegenüber als überlegen erwiesen hatte, plädierte für eine Kultur der Fachleute (Kriege sollen von ausgebildeten Heerführern und nicht von gewählten Politikern geführt werden) und eine Rückkehr zu vordemokratischen Traditionen. Platon machte daraus die Idee eines von einer Philosophenelite geführten, streng hierarchisch organisierten autoritären Stadtstaates. Ein Teil seiner Philosophie bestand in der Zurückweisung der sophistischen Idee, moralische Normen seien «gemacht» und also (beliebig) änderbar. Da nun Platon sich auf keine heilige Schrift beziehen konnte, der normative Autorität zugekommen wäre, er aber gleichwohl darauf bestand, moralische Normen würden *ge*funden und nicht *er*funden, ohne jedoch angeben zu können, wo eigentlich, konstruierte er den Ausweg, daß die richtigen Normen zu entdecken nur wenigen vorbehalten sei, die dies auf Grund ihrer – durch Initiation in das platonische System gewonnenen – überlegenen Einsicht könnten. Platon hat damit einen der möglichen Wege vorgezeichnet, der relativistischen Beunruhigung zu begegnen: Nur diejenigen Normen können gerechtfertigt werden, zu denen man auf eine bestimmte Art und Weise kommt. Diese Art und Weise kann ganz anders bestimmt werden als bei Platon – bei Kant etwa durch die Anforderung an moralische Maximen, daß man von ihnen müsse wollen können, daß sie allgemein befolgt würden. Den anderen Weg geht Aristoteles. Er fragt, welche Normen denn tatsächlich Gültigkeit haben und was der soziale Sinn dieser Gültigkeit sei. Das kann rein deskriptiv geschehen (wie etwa bei David Hume, bei dem die moralphilosophische Fragestellung hinter der soziologischen ganz zurücktritt) oder, wie eben bei Aristoteles oder später bei Hegel, durch eine starke affirmative Besetzung des Tatsächlichen: Die Normen, die in einer bestimmten sozialen Ordnung gelten, sind darum gut, weil die soziale Ordnung gut ist und die Normen ihr dienen. Die Schwächen beider Wege sind offensichtlich. Der Weg des ausgezeichneten Verfahrens muß krampfhaft den Gedanken verdrängen, daß wir nie voraussetzungslos sprechen und über Moral schon gar nicht. Wir sind immer Teil des Redens über Moral, das in der Gesellschaft, in der wir uns befinden, bereits stattfindet, und weder können wir uns davon freimachen, noch sollten wir es wollen. Die Schwierigkeit des anderen Weges ist der, daß moralische Normen ja nicht nur dazu da sind, das Bestehende zu stützen, sondern auch dazu, es zu kritisieren, und also kann bloße Faktizität niemals ein hinreichender Grund für die Billigung von Normen sein. Darum pflegen Philosophen wie Aristoteles oder Hegel die soziale und politische Faktizität, auf die sie sich beziehen, immer auch zu idealisieren.

Aber was hat das alles nun mit Lessing zu tun? Lessing nimmt den Befund ernst, daß wir, wenn wir moralisch urteilen, nicht nur über menschliche Handlungen urteilen, sondern über Menschen. In der Moral, darauf weist der Soziologe Niklas Luhmann hin, geht es immer um den ganzen Menschen. Das macht den Umgang mit ihr riskant: «Empirisch gesehen ist moralische Kommunikation nahe am Streit und damit in der Nähe von Gewalt angesiedelt. Sie führt im Ausdruck von Achtung und Mißachtung zu einem Überengagement der Beteiligten.» Man könnte mit dem Gedanken spielen, die Moral, einmal ihrer Absicherung durch Religion und Sitte entkleidet, müsse ihr Legitimationsdefizit gleichsam aufholen, indem sie die Emphase der Verurteilung von Asebie und Ketzerei sowie unsittlichem (im Sinne von: nicht *comme il faut*) Lebenswandel in eine Art intrinsischer Emphase umwandle. So entsteht der moralische Rigorismus. Die Frage, die sich stellt, betrachtet man Moral auf diese Weise, ist die folgende: «Wenn man diesen polemogenen Ursprung der Moral in Rechnung stellt: darf man der Ethik» – verstanden als Reflexion über Moral – «dann raten, Moral für umstandslos gut zu halten?»[87] Tatsächlich kommt Luhmann zu dem Schluß, es sei «vielleicht die vordringlichste Aufgabe der Ethik, vor Moral zu warnen». Und er fügt hinzu: «Das ist kein unbedingt neues Desiderat. Das 18. Jahrhundert hatte zu diesem Zweck den Humor erfunden, gleichsam als Wellenbrecher für überraschende Moralstürme.» Aber: «das setzt zu viel Disziplin und zu viel schichtenspezifische Sozialisation voraus.»[88]

Genau hier ist die Stelle, wo die Bedeutung der «Hamburgischen Dramaturgie» einsetzt. Jene «schichtenspezifische Sozialisation», auf die Luhmann anspielt, ist die aristokratische Ironie, die Einsicht in das Riskante von Moral, das Wissen um die Kontextabhängigkeit moralischer Normen, das Wissen darum, daß die Anwendung von Moral auf Situationen immer eine radikale Komplexitätsreduktion mit sich bringt, daß wir ohne Moral nicht leben können, Moral aber trotzdem dem Leben nie ganz gerecht werden kann. Wenn solche Haltung nicht zu einem relativistischen Zynismus à la «Liaisons dangereuses» oder zu egozentrischer Wurschtigkeit mißraten soll, bedarf sie der steten Übung lebenspraktischen Takts, und für solche Übung ist das Leben der meisten nicht gemacht. Es muß also stellvertretend geübt werden, und diese Stellvertretung soll auf der Bühne stattfinden. Hier kehrt ein antikes Muster wieder. Die athenische Bühne – ich beziehe mich noch einmal auf die Untersuchungen Christian Meiers[89] – war der Ort, an dem das Volk von

Athen lernte, was Politik ist. Die «Orestie» brachte die Idee des Rechts auf die Bühne, die «Troerinnen» warnten vor den selbstzerstörerischen Folgen zu radikal geführter Kriege, die «Antigone» zeigte die Versuchungen der reinen Machtpolitik auf und die desaströsen Folgen einer kompromißlosen Anwendung moralischer Imperative. Lessing konfrontiert in «Emilia Galotti» eine politische Elite, die einen moralischen Relativismus praktiziert, mit einer Gegenelite im politischen Wartestand, die einen moralischen Furor kultiviert. Noch kann der Vater nicht gewinnen, aber er will auch nicht mehr seine Tochter an die Aristokratie verlieren. Noch bleibt ihm – wie er und seine Tochter in ihrem moralischen Wahn meinen – nichts anderes übrig als der demonstrative Tod, aber bis zur Aufrichtung der Guillotine ist es nur noch ein kleiner historischer Schritt. Lessings Theater ist der Versuch der präventiven Selbstzivilisierung des Bürgertums. In der «Hamburgischen Dramaturgie» wird die Theorie dazu geliefert.

Das Problem, das sich der modernen wie der antiken Aufklärung stellt, ist das einer Moral, die auf die Legitimationspotentiale von Religion und Sitte nicht mehr zurückgreifen kann – und dies war im Athen nach Salamis ebenso der Fall wie im Europa nach dem Dreißigjährigen Krieg, wo nicht erst der europäische Friedensschluß, sondern der Kriegsverlauf selbst[90] den Primat der Politik etablierte. Damit wurde das behauptete, durch die konfessionelle Spaltung bereits ruinierte, aber um so wütender in Kriegen verteidigte Weltdeutungsmonopol der Religion faktisch beseitigt und so die Voraussetzung des «Habe Mut, dich deines eigenen Verstandes zu bedienen» geschaffen. Eine solche Moral ist von zwei Seiten bedroht: durch den wirklichkeitshörigen Relativismus wie durch die überkompensierende Abwehr dieser Gefahr im moralisierenden Fanatismus. In der Idee des Theaters als einer Stätte, wo die Fähigkeit des «Mitleidens» (in der oben ausgeführten Bedeutung) exemplarisch trainiert werden soll, versucht Lessing – in einer ebenso einzigartigen wie sonderbaren Kombination aus Moralphilosophie und Theatertheorie, die in einer Theorie menschlicher Emotionen fundiert werden soll – Antworten auf dieses Dilemma zu finden.

Der sei der beste Mensch, der die größte Fertigkeit im Mitleiden habe. Das ist kein Imperativ «Sei mitleidig» oder «Sei empathisch». Lessing beschreibt damit die Eigenschaft, die jemand haben muß, der moralisch kompetent urteilen kann. In der «Minna» hat er es vorgeführt: Wo Franciska nach dem Galgen ruft, wird ihr Fräulein nachdenklich. Riccaut dauert sie, und darum beginnt sie den Fall in seiner Komplexität wahrzunehmen. Die Zofe sieht nur den Spitzbuben, und schnell ist die Maxime bei der Hand, daß Spitzbuben eben gehenkt gehören. Im «Philotas», wo sich ein kriegsgefangener Prinz umbringt, weil er so dem Feind das Mittel aus der Hand schlagen kann, den königlichen Vater zu Konzessionen zu nötigen, und wir, mit dieser schauerlich-heroischen Tat konfrontiert, uns darauf gefaßt machen, der Autor wolle uns zu bewunderndem Applaus nötigen, wirft der feindliche König, dem der Titelheld sein Unterpfand entzogen hat, den Bettel hin. Man denkt, weil ihn Philotas um den Sieg geprellt hat – das ist auch der Fall –, aber der Anblick eines toten Sohnes macht, daß er selbst nur noch Vater sein will. Sein Feldherr sagt noch: «Ich kann mich nicht halten! Ein wunderbarer Jüngling!», aber der König antwortet: «Beweine ihn nur! – Auch ich! – Komm! Ich muß meinen Sohn wieder haben! Aber rede mir nicht ein, wenn ich ihn zu teuer erkaufe! – Umsonst haben wir Ströme Bluts vergossen; umsonst Länder erobert. Da zieht er mit unsrer Beute davon, der größere Sieger! – Komm! Schaffe mir meinen Sohn! Und wenn ich ihn habe, will ich nicht mehr König sein. Glaubt ihr Menschen, daß man es nicht satt wird?»[91]

In der «Dramaturgie» läßt sich Lessing über das «christliche Trauerspiel» so vernehmen:

> Die Helden desselben sind mehrenteils Märtyrer. Nun leben wir zu einer Zeit, in welcher die Stimme der gesunden Vernunft zu laut erschallet, als daß jeder Rasende, der sich mutwillig, ohne alle Not, mit Verachtung aller seiner bürgerlichen Obliegenheiten, in den Tod stürzet, den Titel eines Märtyrers sich anmaßen dürfte. Wir wissen itzt zu wohl, die falschen Märtyrer von den wahren zu unterscheiden; wir verachten jene eben so sehr, als wir diese verehren, und höchstens können sie uns eine melancholische Träne über die Blindheit und den Unsinn auspressen, deren wir die Menschheit überhaupt in ihnen fähig erblicken. Doch diese Träne ist keine von den angenehmen, die das Trauerspiel erregen will. Wenn daher der Dichter einen Märtyrer zu seinem Helden wählet: daß er ihm ja die lautersten und triftigsten Bewegungsgründe gebe![92]

Hat Lessings Philotas solche? Ja, wenn es nur um die Gründe ginge, die einer haben kann, wenn einer Prinz ist und Held werden will. Aber sie werden zunichte vor den Tränen eines Vaters. Das ist die Lektion in Empathie, die das Stück erteilt, und ohne Empathie gibt es keine moralische

Urteilskraft. Allemal entzieht es uns die Möglichkeit heroischer Schwelgerei – ganz wie sein Autor Gleim verbot, Ewald von Kleist in einem patriotischen Gedicht zu verherrlichen:

> Ich verlange zwar nicht, daß die Kugeln einen andern Weg nehmen sollen, weil ein ehrlicher Mann da stehet. Aber ich verlange, daß der ehrliche Mann – Sehen Sie; manchmal verleitet mich mein Schmerz, auf den Mann selbst zu zürnen, den er angehet. Er hatte drei, vier Wunden schon; warum ging er nicht? Es haben sich Generals mit wenigern, und kleinern Wunden unschimpflich bei Seite gemacht.[93]

Das Theater solle, so Lessing pointiert, «die Schule der moralischen Welt sein».[94] Aus dieser Bestimmung folgt allerlei – zum Beispiel die Natürlichkeit der Motivation:

> Die Bewegungsgründe zu jedem Entschlusse, zu jeder Änderung der geringsten Gedanken und Meinungen, müssen, nach Maßgebung des einmal angenommenen Charakters, genau gegen einander abgewogen sein, und jene müssen nie mehr hervorbringen, als sie nach der strengsten Wahrheit hervor bringen können.[95]

Die Idee eines schlechten Menschen, der aus Grundsätzen heraus böse handelt, weist Lessing zurück. Das Böse um des Bösen wegen tue niemand, und so dürften so vollkommene Schurken auch nicht auf der Bühne zu sehen sein. Lessing teilt diese Ansicht unter anderem mit Kant. Wir lassen das so stehen, auch wenn wir uns verwundert fragen können, ob Lessing selber dieser Vorstellung vom Menschen immer treu geblieben ist: Es scheint schon schwierig, den Patriarchen im «Nathan» als so gebrochen wahrzunehmen, wie Lessing es in der «Dramaturgie» noch fordert – da ist doch etwas wie eine böse Leidenschaft am Orte. Vielleicht bedurfte es größerer Verbrechen als jener, die zu Lessings Zeiten bekannt waren, um Sartres Einsicht hervorzubringen, der Antisemitismus sei nur zu verstehen, wenn man ihn als Leidenschaft verstehe. Lessing ging es darum, auch das scheinbar Exzeptionelle als gar nicht so unalltäglich zu begreifen, und das wiederum könnte an die Formulierung von der Banalität (auch) des Bösen erinnern.

> Alles geht seinen natürlichen Gang. Dieser natürliche Gang reizet das Genie; und den Stümper schreckt er ab.

Ein Stück müsse sich an die Wahrscheinlichkeiten des Lebens anschmiegen und, wo immer es geht, von künstlichen Dramatisierungen Abstand nehmen.

> Das Genie können nur Begebenheiten beschäftigen, die in einander gegründet sind, nur Ketten von Ursachen und Wirkungen. Diese auf jene zurück zu führen, jene gegen diese abzuwägen, überall das Ungefehr auszuschließen, alles, was geschieht, so geschehen zu lassen, daß es nicht anders geschehen können.[96]

Lessing tadelt Corneille, weil ihm die Bösewichte zu groß geraten – und: weil nicht klar werde, warum sie tun, was sie tun.

> Der größte Bösewicht weiß sich vor sich selbst zu entschuldigen, sucht sich selbst zu überreden, daß das Laster, welches er begeht, kein so großes Laster sei, oder daß ihn die unvermeidliche Notwendigkeit es zu begehen zwinge. Es ist wider alle Natur, daß er sich des Lasters, als Lasters rühmt; und der Dichter äußerst zu tadeln, der aus Begierde etwas Glänzendes und Starkes zu sagen, uns das menschliche Herz so verkennen läßt, als ob seine Grundneigungen auf das Böse, als auf das Böse, gehen könnten.[97]

Da ist er wieder, der Patriarch des «Nathan» – wir können vielleicht annehmen, daß seine Grundneigungen auf das Böse gehen, aber was heißt das? Doch eben nicht so viel, daß er sich dessen rühme. Der Patriarch redet dem Tempelherrn gegenüber blutrünstig, er haßt den Juden – aber er argumentiert. Das gehört nicht nur zu seinem Beruf, auch zu seinem Bekehrungsauftrag, den jungen christlichen Krieger, der ihm ins Uneindeutige abzuschwimmen scheint, wieder auf Linie zu bringen – es gehört auch zu den menschlichen Gepflogenheiten, sich ganz allein nicht wohl zu fühlen. Gründe für das, was man für richtig hält, anzugeben schafft eben auch Gemeinschaft, und dieser Wunsch nach Gemeinschaft macht auch angreifbar. Dem Bösewicht, der für seine Unarten verschönernde Worte weiß und Gründe, die er für gut hält, dem kann widersprochen werden. Man muß ihn keinen Lumpen nennen, man kann sagen: «Du irrst dich!» Wer den Lumpen einen Lumpen nennt, macht ihn nicht besser. Vielleicht ist er auch unverbesserlich, aber vielleicht kann man ihn irritieren? Ihn aus dem Konzept bringen? Vielleicht möchte er Applaus und nicht bloß moralische Fußtritte? Ist es also nicht nützlich, die Uneindeutigkeiten in seinem Charakter wahrzunehmen, die Übergänge, das Gute am Bösen ebenso wie das Böse am Guten (sprich: der Moral)? Gewiß, beim Patriarchen hülfe das nichts. Aber wir lernen ihn gar nicht als Menschen kennen, sondern nur als Priester, als Mächtigen in diesem Falle, der seinen menschlichen Neigungen, auch mal fünfe grade sein zu lassen und eine Verletzung der Konkordatsbestimmungen mit dem Sultan zu übersehen, nicht nachgeben kann, obwohl man sieht, daß etwas in ihm es vielleicht möchte. So überzeugt er mit seiner Rede vom Juden, der verbrannt werden müsse, zwar nicht den Tempelherrn, aber sich selbst.

Die Macht: Lessing hat sie im Blick – und auch, wie sich in ihrem Umfeld die Tugenden ändern. Was sagt man zu der Anwandlung des Prinzen in der «Emilia», der eine Bittschrift nur deshalb positiv bescheidet, weil sie von einer Emilia verfaßt ist und er doch eine Emilia (aber eine andere!) liebt? Das ist Großzügigkeit auf ihren absurden (aber darum noch nicht tadelnswerten) Nenner gebracht. Großzügigkeit ist, wo sie nicht strategisch ist, immer überschießend und kleinen Gemütern anstößig. Thomas Mann bringt in «Joseph und seine Brüder» das Göttliche auf genau diese Formel: «Ich gönne, wem ich gönne», und die Engel finden solche Herrenallüren, zumal wenn sie den minderen Menschen gelten und nicht ihnen, latent skandalös. Auch der Prinz gönnt, wem er gönnt, aber seine Gesten sind bei der Unterzeichnung eines Todesurteils ebenso weiträumig: «Recht gern.» Hier wäre Kleinlichkeit am Platze gewesen. Da liegt das Problem: Großzügigkeit ist oft von Gleichgültigkeit nicht zu unterscheiden. Wieder einer dieser Übergänge. Und so sehr Großzügigkeit die Tugend der Herrschenden, wie überhaupt aller, die es sich leisten können, ist, so stellt sich denn die Frage, ob Herrscher sich Großzügigkeit *immer* leisten sollen und können. Saladin im «Nathan» ist großzügig, aber sein Finanzminister nennt es Verschwendung. Er kann es sich, bei Licht besehen, nicht leisten, und als er merkt, daß die Kasse klamm wird, läßt er den Bankier Nathan kommen und versucht ihn zu erpressen, indem er ihn in einem Gespräch über die wahre Religion in Schwierigkeiten bringt. Nathan windet sich heraus, und am Ende geht dann alles mehr oder weniger gut aus, aber der Hinweis ist deutlich: Wichtiger als Großzügigkeit ist eine ordentliche Finanzverwaltung.

Daß Lessing, der solche Figuren wie Minna von Barnhelm schaffen konnte, die, ihrer erwähnten Gefährdungen ungeachtet, das ganze sonstige männliche Personal in die Tasche (wenn die anachronistische Metapher erlaubt ist) zu stecken vermag, Frauen gleichwohl für konstitutionell herrschaftsunfähig hielt,[98] soll nicht verschwiegen werden.

Daß er dies womöglich gar nicht für einen Mangel hielt, ändert nichts an seiner Kurzsichtigkeit. Da diese Ansicht aber nicht auf seine übrigen durchschlug,[99] kann es bei der Erwähnung bleiben.

Zurück zur Wahrscheinlichkeit der Charaktere. Sie ist die Voraussetzung für empathischen Mitvollzug, der nach Lessing sich nicht darin erschöpft, bloß einzusehen, daß Menschen eben so-und-so sind und zu handeln pflegen: Der Dichter werde es sich angelegen sein lassen,

> die Leidenschaften nach eines jedem Charakter so genau abzumessen; [...] diese Leidenschaften durch so allmähliche Stufen durchzuführen: daß wir überall nichts als den natürlichsten, ordentlichsten Verlauf wahrnehmen; daß wir bei jedem Schritte, den er seine Personen tun läßt, bekennen müssen, wir würden ihn, in dem nemlichen Grade der Leidenschaft, bei der nemlichen Lage der Sachen, selbst getan haben; daß uns nichts dabei befremdet, als die unmerkliche Annäherung eines Zieles, von dem unsere Vorstellungen zurückbeben, und an dem wir uns endlich, voll des innigsten Mitleids gegen die, welche ein so fataler Strom dahin reißt, und voll Schrecken über das Bewußtsein befinden, auch uns könne ein ähnlicher Strom dahin reißen, Dinge zu begehen, die wir bei kaltem Geblüte noch so weit von uns entfernt zu sein glauben.[100]

Dies ist die zentrale Stelle der «Hamburgischen Dramaturgie». In ihr verbindet Lessing die Vorstellung einer auf Empathie gegründeten Moral mit der Einsicht in die Fragilität unseres Lebens.

Nicht moralische Überhebung macht uns zu besseren Menschen, sondern Einsicht in die Umstände, die auch uns in Situationen bringen können, in denen wir uns nie zu finden hofften. Das Mittel der Darstellung auf der Bühne – die vielgenannten «Übergänge», die Ambivalenz der charakterlichen Dispositionen und Emotionen der Bühnenfiguren – zeigt diese universelle Gefährdung und gibt uns zugleich das Mittel in die Hand, mit ihr umzugehen: Weil wir eben so sind, können wir empathisch sein, und wenn wir die Empathie üben, entfernen wir uns ebenso von moralischer Ignoranz wie von moralischem Übereifer.

Die Folgerungen hieraus sind mannigfaltig, und Lessing erläutert sie vor allem an Stücken, in denen mißlungen oder gar nicht erst intendiert gewesen ist, worum es ihm ging – nun, er mußte auf den Hamburger Spielplan achten, und außerdem war die Theatermode generell noch eine andere. Der große Kampf, den er mit dem bestehenden Theater kämpft, richtet sich gegen die zu formalistische Auffassung von regelgeleiteter Dramatik. Lessing streitet gegen die Meinung, ein Stück müsse auf eine bestimmte Weise gebaut sein, um akzeptabel zu sein:

> Der einzige unverzeihliche Fehler eines tragischen Dichters ist dieser, daß er uns kalt läßt; er interessiere uns, und mache mit den kleinen mechanischen Regeln, was er will.[101]

Bei Wieland heißt das, wenige Jahre später, so, nämlich in den ersten Versen des «Neuen Amadis»:

> Von irrenden Rittern und wandernden Schönen
> Sing, komische Muse, in freyen irrenden Tönen!
> [...]
> Allein, was werden (so denkst du vielleicht)
> Zu unserm Gesang die strengen Kenner sagen?
> Die Kenner? – Gut! die wahren gewinnest du leicht;
> Ergötzt dein Lied, so wird kein Kluger fragen,
> Ob *Aristoteles* ihm (mit allem Respect für das Haupt
> Der Critiker sey es gesagt!) sich so zu ergötzen erlaubt.
> Die Grazie tanzt nach unstudierten Gesetzen,
> Und ohne *Guido's* Kunst entzückt Philomela die Flur;
> Bleib du der Empfindung getreu, und der ungeschminkten Natur,
> So kannst du, auf meine Gefahr, die andere Regeln verletzen.[102]

«Daß die Schönheiten», schreibt Lessing von einer Komödie, «wahre allgemeine Schönheiten sein müssen», erkenne man daran, daß der Kenner ebenso lache wie der Ungebildete – also müßten «die Fehler vielleicht nur willkürliche Regeln betreffen, über die man sich leichter hinaussetzen kann, als es die Kunstrichter Wort haben wollen. Er hat keine Einheit des Ortes beobachtet: mag er doch.»[103] Einheit des Ortes – eine der auf Aristoteles zurückreichenden fundamentalen Regeln, über die sich Shakespeare bekanntlich dauernd hinwegsetzt, indem von Szene zu Szene der Schauplatz wechseln kann. Einheit der Zeit, eine andere Regel: Lessing zeigt am Beispiel eines Stückes von Voltaire, daß die pedantische Beachtung der Regel, die Bühnenhandlung müsse so lange dauern, wie die reale Handlung dauern würde, zu gravierenden psychologischen Fehlern führen müsse: So schnell gehe es mit der Liebe normalerweise nicht, und wenn, dann dort, wo weniger Liebe als Leidenschaft und Gewalt eine Rolle spielten.[104]

60

Der wahre Kunstrichter folgert keine Regeln aus seinem Geschmacke, sondern hat seinen Geschmack nach den Regeln gebildet, welche die Natur der Sache erfodert.[105]

Die von Aristoteles aufgestellten Regeln erklären sich für Lessing aus Eigenheiten des antiken Theaters (vor allem aus der Rolle, die der Chor darin spielte), sie künstlich auf andere Theaterformen zu übertragen sei Unsinn, und weil es auch gar nicht möglich sei, führe das zu allerhand formalen Mogeleien, die die Stücke, an denen solche abstrakte Formengläubigkeit zu beobachten sei, noch weniger genießbar machten. Lessing verwendet viel Papier darauf, das immer wieder zu demonstrieren, bis es ihm endlich selbst zu viel wird: «Doch mir ekelt, mich bei diesen Elementen länger aufzuhalten». Er kommt auf den Refrain zurück:

Die strengste Regelmäßigkeit kann den kleinsten Fehler in den Charakteren nicht aufwiegen.[106]

Wie sehr Lessing hier ins Detail geht, mag ein kleines Beispiel zeigen. Eine Bühnenregel – eine gute, die wirklich stets beobachtet werden sollte – lautet, daß Auftritte und Abgänge motiviert sein müssen. Was für einen kuriosen Effekt es macht, wenn man sie nicht beachtet, kann man sehen, wenn dilettantisches Bauerntheater ohne ihre Kenntnis gemacht wird. Was für ein kläglicher Anblick ist es, wenn im Bad Segeberger Freilichttheater, nachdem die Hauptpersonen verabredet haben, am Rio Pecos einander wiederzutreffen, und abgeritten sind, die verbleibenden minderen Chargen sich ohne weitere Erklärungen von der Bühne, die für die nächste Szene frei werden muß, trollen. Also: Auftritte und Abgänge bitte motivieren. Aber eben nicht einfach durch ein paar Sätze, sondern aus der Handlung heraus. Denn was für ein befremdlicher Anblick ist zum Beispiel ein Indianerhäuptling, der ohne Not sein Pferd eine Pirouette drehen und mit dem notdürftigen Hinweis, er habe noch anderswo im Wilden Westen etwas zu tun, durch das Pappmaché-Felsentor galoppieren läßt.

Es ist nicht genug, daß eine Person sagt, warum sie kömmt, man muß auch aus der Verbindung einsehen, daß sie darum kommen müssen. Es ist nicht genug, daß sie sagt, warum sie abgeht, man muß auch in dem Folgenden sehen, daß sie wirklich darum abgegangen ist. Denn sonst ist das, was ihr der Dichter desfalls in den Mund legt, ein bloßer Vorwand, und keine Ursache.[107]

Hierbei geht es natürlich nicht um die Regel als solche, sondern darum, durch ihre Anwendung psychologische Dichte zu erzeugen, die im Leben, das sich bekanntlich an diese Regel nicht hält, durch umfassende Kenntnis der Akteure erzeugt wird, die auf der Bühne nicht möglich ist.

Ein anderes, gewichtigeres Thema ist das der Stoffwahl. Historische Stoffe waren en vogue, und aus der Mode gekommen sind sie – von Schiller über Büchner bis zu Kipphardt und Hochhuth – nie. Lessing stellt die Frage, ob historische Wahrheit auf der Bühne von Bedeutung sei, und beantwortet sie eindeutig: Nein. Das ist über die Zeit nicht Konsens geblieben. Dem Film, der zeitgeschichtliche Fragen behandelt, lassen wir zwar auch gewisse Freiheiten, bei der Behandlung eines Stoffes wie die letzten Tage Hitlers im Berliner Untergrund war aber die Expertise von Historikern, so etwa könne es gewesen sein, nicht ohne Belang. Hochhuth hat immer darauf bestanden, daß sein «Stellvertreter», obwohl eine Reihe rein fiktiver Szenen enthaltend, nicht nur eine moralisch bedeutsame Konstellation schildere, sondern selber ein Beitrag zur Historiographie sei. Umgekehrt hat bekanntlich Schillers «Jungfrau von Orleans» nicht viel mit der historischen Jeanne d'Arc zu tun, und die Frage, welche Rolle Wallensteins astrologischer Aberglaube spielen solle, wurde zwischen dem Verfasser der Trilogie und Goethe nach rein poetischen Prinzipien verhandelt, obwohl Schiller eine Geschichte des Dreißigjährigen Krieges geschrieben hatte, aus der er den Stoff schließlich nahm. Wir enthalten uns, zu dieser Frage, die in der «Dramaturgie» eine wesentliche Rolle spielt, Stellung zu beziehen, denn das könnte nur in einem weitgesteckten Rahmen geschehen, in dem auch die veränderte Rolle der Geschichtsschreibung im 19. Jahrhundert, Glanz und Elend der Geschichtsphilosophie und die Erschütterung zivilisatorischer Gewißheiten im 20. Jahrhundert besprochen werden müßten. Für unseren Zweck reicht es, deutlich zu machen, daß die Wahl eines historischen Stoffes die Grundsätze von Lessings Dramaturgie nicht außer Kraft setzt.

Auf dem Theater sollen wir nicht lernen, was dieser oder jener einzelne Mensch getan hat, sondern was ein jeder Mensch von einem gewissen Charakter unter gewissen gegebenen Umständen tun werde.[108]

[...] die Tragödie ist keine dialogisierte Geschichte; die Geschichte ist für die Tragödie nichts, als ein Repertorium von Namen, mit denen wir gewisse Charaktere zu verbinden gewohnt sind. Findet der Dichter in der Geschichte mehrere Umstände zur Ausschmückung und Individualisierung seines Stoffes bequem: wohl, so brauche er sie.[109]

Man möge den historischen Charakteren treu bleiben – warum brauchte man sie sonst? Mit den historischen Tatsachen verfahre man nach Bedürfnis. Lessing geht sogar so weit, Fehler, die aus bloßem historischem Unwissen begangen worden sind, zu entschuldigen.

Dem Genie ist es vergönnt, tausend Dinge nicht zu wissen, die jeder Schulknabe weiß [...] «Aber, wie hat ein so großer Mann nicht wissen können!» [...] O, laßt uns ja schweigen [...] alles, was wir besser wissen, als er, beweiset bloß, daß wir fleißiger zur Schule gegangen, als er; und das hatten wir leider nötig, wenn wir nicht vollkommne Dummköpfe bleiben wollten.[110]

Eine weitere Überlegung zur Stoffwahl betrifft das Beiwort «bürgerlich» im bürgerlichen Trauerspiel – so hatte Lessing seine «Miß Sara Sampson» bezeichnet, und das bürgerliche Trauerspiel ist für ihn die Form, die seine Intentionen am reinsten zur Realisierung zu bringen imstande ist. Nun könnte man die Sache so gegen Lessing wenden: Hier spreche einer aus beschränkter Sicht, der Bürger – im Vergleich zu Paris oder London gesehen – so mediokrer Städte wie Berlin, Breslau oder Hamburg. Seine Abneigung gegen herrschende Frauen und ihre herrscherlichen Ambitionen verrate den Mann, der nicht weiß, was London unter Elisabeth I. war, sein Mißtrauen gegen die Möglichkeit radikal destruktiver Personen zeuge von der Unkenntnis der Mechanismen der Hofintrige, in der oft der Schaden, den einer stiften will, mehr zählt als der Nutzen, den er möglicherweise davon hat, seine Abneigung gegen die hochfahrenden Gesten des französischen Theaters könnte aus dem fehlenden Einblick in das kommunikative Repertoire großer Höfe und dem auf die Szenerien von Duodezfürstentümern eingeschränkten Blick und Einblick des bürgerlichen Dichters kommen, der sowieso alles nur durch die Brille antihöfischen Ressentiments zu sehen vermag. Im Zusammenhang mit der Kritik der Sprache in einem Stück Racines führt Lessing selbst dieses Argument gegen sich ins Feld. Sein erwartbarer Ausgangspunkt:

> Bei einer gesuchten, kostbaren, schwülstigen Sprache kann niemals Empfindung sein.[111]

Lessing zeigt nun, anhand eines Beispiels, daß man auch bei Hofe ungekünstelt sprechen kann. Er zitiert einen englischen Autor, der eine englische Königin reden läßt, und man merkt, daß das die Schule ist, in die Lessings eigene Prosa gegangen ist. Der mögliche Einwand nun, den er dem Engländer gegenüber erheben läßt, soll natürlich ihn selber treffen:

> man hört wohl, daß der gute Mann die große Welt nicht kennet; daß er nicht viele Königinnen reden gehört; Racine verstand das besser; aber Racine lebte auch bei Hofe.

Lessing gibt das als Möglichkeit zu – aber: Wenn der hohe, gekünstelte Ton tatsächlich einigermaßen die kommunikativen Gepflogenheiten großer Höfe wiedergäbe, so seien die eben keine guten Schauplätze für vernünftige Theaterstücke:

> Ich habe es lange schon geglaubt, daß der Hof der Ort eben nicht ist, wo ein Dichter die Natur studieren kann. Aber wenn Pomp und Etikette aus Menschen Maschinen macht, so ist es das Werk des Dichters, aus diesen Maschinen wieder Menschen zu machen. Die wahren Königinnen mögen so gesucht und affektiert sprechen, als sie wollen: seine Königinnen müssen natürlich sprechen. Er höre der Hekuba des Euripides nur fleißig zu; und tröste sich immer, wenn er schon sonst keine Königinnen gesprochen hat.[112]

Doch warum Hekuba bzw. griechisch Hekabe? Reden denn die anderen Königinnen der griechischen Tragödie wie die Phädra bei Racine? Die Iokaste des «König Ödipus» tut das doch ebensowenig wie die Phaidra des «Hippolytos». Die Pointe ist diese: Die Hekabe des Euripides – sowohl die der «Troerinnen» wie die des nach ihr benannten Stücks – ist keine Königin mehr, sondern nach dem Fall Trojas zur Sklavin gemacht. Soll das heißen, daß Königinnen erst dann menschlich sprechen, wenn sie keine mehr sind? Sind sie auch dann erst menschlich ernst zu nehmen? Zwar: Lessing läßt seinen Nathan dem Al Hafi raten, wieder das Leben eines Derwisches in der Wüste zu führen, denn

Ich fürchte,
Grad' unter Menschen möchtest du ein Mensch
Zu sein verlernen.[113]

Aber vor allem bestärkt er damit Al Hafi in seinem Entschluß, sein Hofamt aufzugeben, und Emilia begründet ihre Bitte um einen Tod durch Vaters Hand mit ihrer Verführbarkeit. Sie ist gleichsam zu sehr Mensch, um unbeschadet am Hofe leben zu können. Lessing meint, in Racines Sprache das Distinktionsbemühen des Privilegs zu vernehmen, und kontert es mit der Exklusion aus dem Kreis derer, wo über das Wir vermittelte wechselseitige Empathie stattfinden kann – und er fügt das Angebot hinzu, dieses Wir im Medium des bürgerlichen Trauerspiels wieder herzustellen, wenn dort die Königinnen reden, wie den Bürgerinnen oder dem Fräulein auf seinen Gütern in Thüringen der Schnabel gewachsen ist, und sich auch der Adel dem allgemeinen bürgerlichen Inklusionsgebot, nichts als ein Mensch zu sein, unterwirft. Bürgerliche Trauerspiele kann man bei Hofe schließlich auch aufführen, und der braunschweigische machte mit der «Emilia» weniger Sperenzien als der Hamburger Senat mit der «Minna». So greift das zivilisierende Bemühen von Lessings Theater durchaus über das bürgerliche Publikum hinaus.

Nichts ist züchtiger und anständiger als die simple Natur. Grobheit und Wust ist ebenso weit von ihr entfernt, als Schwulst und Bombast von dem Erhabnen. Das nemliche Gefühl, welches die Grenzscheidung dort wahrnimmt, wird sie auch hier bemerken. Der schwülstige Dichter ist daher unfehlbar auch der pöbelhafteste.[114]

Exkurs: Lessing, ein Metaphysiker?

Of systems possible, if 'tis confest
That wisdom infinite must form the best
Alexander Pope

Ein Problem ist zu erörtern, weil es in der Lessing-Rezeption eine gewisse Rolle spielt: Es ist das der Theodizee, also der Frage, ob Lessings Auffassung vom Trauerspiel eine letztlich theologische Fundierung hat, und zwar eine, die auf die Vorstellung von der «besten der Welten» zurückgeht, wie sie Leibniz, von dem der Begriff stammt, formuliert hat.[115] Lessing spricht sich gegen die Darstellung bestimmter Formen von Leid auf der Bühne aus (und verschweigt, wie gerade Shakespeare in der Darstellung solchen Leides exzelliert): nämlich des Leides vollkommen Unbeteiligter. Damit meint Lessing nicht im moralischen Sinne Unschuldige – die Darstellung von deren Leid verwirft er nicht –, sondern solche, deren Handeln mit ihrem Schicksal gar nicht in Verbindung steht, Kindermord etwa. Den Einwand, daß solches doch tatsächlich geschehe, läßt Lessing nicht gelten:

[…] es sei: so wird es seinen guten Grund in dem ewigen unendlichen Zusammenhange aller Dinge haben. In diesem ist Weisheit und Güte, was uns in den wenigen Gliedern, die der Dichter herausnimmt, blindes Geschick und Grausamkeit scheinet. Aus diesen wenigen Gliedern sollte er ein Ganzes machen, das völlig sich rundet, wo eines aus dem andern sich völlig erkläret, wo keine Schwierigkeit aufstößt, derenwegen wir die Befriedigung nicht in seinem Plane finden, sondern sie außer ihm, in dem allgemeinen Plane der Dinge, suchen müssen; das Ganze dieses sterblichen Schöpfers sollte ein Schattenriß von dem Ganzen des ewigen Schöpfers sein; sollte uns an den Gedanken gewöhnen, wie sich in ihm alles zum Besten auflöse, werde es auch in jenem geschehen: und er vergißt, diese seine edelste Bestimmung so sehr, daß er die unbegreiflichen Wege der Vorsicht mit in seinen kleinen Zirkel flicht, und geflissentlich unsern Schauder darüber erregt? – O verschonet uns damit, ihr, die ihr unser Herz in eurer Gewalt habt! Wozu diese traurige Empfindung? Uns Unterwerfung zu lehren? Diese kann uns nur die kalte Vernunft lehren; und wenn die Lehre der Vernunft in uns bekleiben[116] soll, wenn wir, bei unserer Unterwerfung, noch Vertrauen und fröhlichen Mut behalten sollen: so ist es höchst nötig, daß wir an die verwirrenden Beispiele solcher unverdienten schrecklichen Verhängnisse so wenig, als möglich, erinnert werden. Weg mit ihnen von der Bühne! Weg, wenn es sein könnte, aus allen Büchern mit ihnen![117]

Daß es mit der Welt, so wie sie sei, zum besten bestellt sei, ist ein so contraintuitiver Gedanke, daß David Hume in seinen «Dialogen über die natürliche Religion» jeden Theologen ausdrücklich davor gewarnt hat, sein System auf ihn zu stützen. Es gehört zur Theodizee, das heißt zur Rechtfertigung der Güte Gottes angesichts der physischen und moralischen Übel der Welt, notwendigerweise der Gedanke, daß es dem Menschen nicht gegeben sei, das Ganze zu überblicken, daß jedem aber, der es dennoch könnte, einleuchten müßte, daß das Übel entweder gar keines sei oder aber nur um den Preis größeren Mißstands aus der Welt zu bringen wäre. Wozu dieser Gedanke? Uns Unterwerfung zu lehren? Jedenfalls darauf läuft es hinaus: «doch nicht, wie ich will, sondern Dein Wille geschehe». Gerade wegen des Contraintuitiven will Lessing es nicht darauf ankommen lassen. Der Dichter solle Weltausschnitte wählen, in denen zwar nicht unbedingt Gutes, aber doch Plausibles geschehe. Daß aber das Plausible – wie das Ende der «Emilia» – davon zeuge, daß alles doch irgendwie gut bestellt sei, weil das böse Ende sich mit motivations- und handlungslogischer Konsequenz einstelle – das ist ein doch sehr befremdlicher Gedanke. Will Lessing uns einreden, der Umstand, daß Nathan ein Pflegekind gegeben wurde, habe die Morde von Gath, die seine Familie auslöschten, im Sinne einer höheren Rechnung ausgeglichen? Doch läßt er seinen Nathan zum Klosterbruder, der damals das Kind brachte, sprechen:

Ihr traft mich mit dem Kinde zu Darun.
Ihr wißt wohl aber nicht, daß wenig Tage
Zuvor, in Gath die Christen alle Juden
Mit Weib und Kind ermordet hatten; wißt
Wohl nicht, daß unter diesen meine Frau
Mit sieben hoffnungsvollen Söhnen sich
Befunden, die in meines Bruders Hause,
Zu dem ich sie geflüchtet, insgesamt
Verbrennen müssen. […]

                              Als
Ihr kamt, hatt' ich drei Tag' und Nächt' in Asch'
Und Staub vor Gott gelegen, und geweint. –
Geweint? Beiher mit Gott auch wohl gerechtet,
Gezürnt, getobt, mich und die Welt verwünscht;
Der Christenheit den unversöhnlichsten
Haß zugeschworen – […]

Doch nun kam die Vernunft allmählig wieder.
Sie sprach mit sanfter Stimm': «und doch ist Gott!
Doch war auch Gottes Ratschluß das! Wohlan!
Komm! übe, was du längst begriffen hast;
Was sicherlich zu üben schwerer nicht,
Als zu begreifen ist, wenn du nur willst.
Steh auf!» – Ich stand! und rief zu Gott: ich will!
Willst du nur, daß ich will! – Indem stiegt Ihr
Vom Pferd', und überreichtet mir das Kind,
In Euern Mantel eingehüllt. – Was Ihr
Mir damals sagtet; was ich Euch: hab' ich
Vergessen. So viel weiß ich nur; ich nahm
Das Kind, trugs auf mein Lager, küßt' es, warf
Mich auf die Knie' und schluchzte: Gott! auf Sieben
Doch nun schon Eines wieder![118]

Die Anlage des Stückes wie die der Titelfigur bewahrt vor der Idee, in
diesen Worten könnte etwas wie eine Botschaft des Stückes transpor-
tiert werden.[119] Auch wenn der Autor bei der Niederschrift gemeint
haben sollte, hier werde eine vorbildliche Haltung zum Ausdruck gebracht, so bewahrt uns nicht nur seine eigene Theorie, die das Bewundern verwirft, vor Fehlschlüssen, sondern vor allem die Figur seines
Nathan, deren Überlebensstrategien in potentiell mörderischer Umwelt
er zeigt: von der Bestechung der zur Denunziation geneigten Haushäl-
terin («Wenn Ihr nur schenken könnt!»[120]) über die rhetorische Über-
tölpelung des unter dem Anschein religionsphilosophischen Interesses
nach billigem Kredit trachtenden Sultans («Nicht die Kinder bloß, speist
man / Mit Märchen ab»[121]) bis hin zur Selbstüberlistung des über den
Mord an seinen Angehörigen Verzweifelten. Und so erfahren wir, auf
welchen emotionellen Wegen der bizarre Gedanke von der Theodizee
in die verzweifelte Welt gekommen ist. Lessing selber war jemand, der
sich auf solche Weise überlisten konnte – oder vorgab, es zu können.
Seine Schrift «Erziehung des Menschengeschlechts» kann man als die
Grundlegung der Ablösung der Theologie durch Geschichtsphilosophie verstehen, die zu Hegels Satz führen wird, die Geschichte selbst sei
die Theodizee. Und in dieser Schrift finden wir, mitten im Raisonnement der Paragraphen, die das Bild einer sich zum Besseren, Aufgeklär-
teren, Moralischeren entwickelnden und darum zunehmend derbere
Formen der Religiosität entbehren könnenden Menschheit entwerfen,
dies:

§. 81.
Oder soll das menschliche Geschlecht auf diese höchste Stufen der Aufklärung und Reinigkeit nie kommen? Nie?
§. 82.
Nie? – Laß mich diese Lästerung nicht denken, Allgütiger! – Die Erziehung
hat ihr *Ziel*; bei dem Geschlechte nicht weniger als bei dem Einzeln. Was erzogen wird, wird zu Etwas erzogen.[122]

Rein von der Argumentation her gesehen ist das eine *petitio principii*. Wie-
der war es Hume, der zu bedenken gab, daß man zwar, wenn man eine
Uhr sehe, auf einen Uhrmacher schließen dürfe, allein: sei denn die
Welt wirklich so sehr einem Mechanismus ähnlich, daß sich ein solcher
Schluß aufdränge? Müßte die Ähnlichkeit nicht erst erwiesen werden?
Und selbst wenn sie da wäre, welche Schlüsse würden wir betreffs der
Kompetenz des «großen Designers» ziehen?[123] Welche Schlüsse, die Fähigkeit des großen Pädagogen betreffend? Aber genau diese Einwände
treffen die emotionelle Grundlage des Bedürfnisses nach theologischer
Tröstung nicht, das sich in der ja hochbewußt gesetzten[124] rhetorischen
Form der Bitte um Glauben ausspricht – in Lessings theoretischen Tex-
ten ebenso wie im Text seines Nathan, der Gott um Gottvertrauen,
wenn auch etwas harscher, etwas kontraktualistischer – «Willst du nur,
daß ich will» –, angeht: Hier spricht die Sehnsucht, sich trotz des Wis-
sens darum, daß außerhalb der Sphäre gelingender Kunstwerke nichts
nicht im Argen liegt, das Gefühl zu bewahren, es sei – im Grunde – doch
alles gut. Gut von sich aus; nicht erst, wenn man es gut macht, was ja
jenseits des eigenen Schreibtisches sowieso an die Grenzen der Welt
stößt. Aus Wünschen wachsen Gedanken, der Philosoph schreibt sie auf,
und wenn sie zu primärprozeßhaft geraten, macht er sich leicht lächer-
lich. Der Philosoph ist stets zur Naivität verurteilt, der Dichter kann –
wenn er kann – das Werden des Prozesses schildern, und so gerät *ihm*
nichts naiv.

«Unterwerfung» ist entweder der Wunsch zu glauben, die Welt sei
wohl eingerichtet, oder sie ist eine Art Abspannung, etwas wie ein Quie-
tiv zwischen den Zeilen. Es gibt in der Aufklärung diesen scheinbaren
Quietismus, er zeigt pointiert den Unterschied zwischen der Emphase
des Selberdenkens des 18. Jahrhunderts und dem «Könnensbewußtsein» der attischen Aufklärung des 5. Jahrhunderts v. u. Z. Man kann
ihn als Bremse gegen ein Überschießen des Übermuts instrumenteller

Vernunft verstehen. Man kann ihn aber auch verstehen als Ausdruck einer Erfahrung, die aus der Konfrontation mit einer dramatisch komplexer werdenden Welt resultiert, die sich Dezisionsphantasien zunehmend verschließt. Dabei ist diese Erfahrung nicht nur eine spezifisch deutsche, die ein an aller politischen Entfaltung gehemmtes Bürgertum machen mußte, sondern eine bürgerliche Welterfahrung schlechthin. Bei Wieland findet sich immer wieder der Satz, ein jedes Ding (und ein jeder Mensch) sei nur, was es (er) sein *könne*. Diese Formulierung sagt nicht viel anderes als Lessing in obigem Zitat. Ist die Pointe der Theodizee-Konzepte die, daß wir nicht den rechten Überblick haben, so sagt Wielands oft abgewandeltes Aperçu dasselbe, woraus aber gar nichts folgt, außer daß wir eben nicht wissen, ob wir mit unseren Bemühungen reüssieren werden, und uns schon mal darauf einstellen sollten, daß es meistens anders kommt, als man denkt. Das ist, als Einsicht formuliert, banal; als Lebenshaltung nennt man es: Weisheit.

Leibniz' Theodizee-Schrift war ein großer Versuch, die mittelalterlich-christliche Theologie endlich auf den Vernunftnenner zu bringen, den sie schon immer für sich in Anspruch genommen hatte, und wie alle solche endzeitlichen Unternehmungen hatte sie mehr Geschmack vom Ende als von Vollendung. Leibniz entging, daß zur Religiosität Naivität gehört (Pascal wußte das und nahm, wohlüberlegt und unnaiv, das Christuswort vom «Werden wie die Kinder» ernst), und nahm doch in solcher Verleugnung Naivität als Füllsel argumentativer Leerstellen für sich in Anspruch wie wenige sonst. Lessing steht da woanders, sein Appell an etwas, das uns naiv anmutet, die Annahme einer unerkennbaren, aber doch wünschbaren Güte einer göttlichen Ordnung, ist kalkulierte Sorge. Er traut dem Menschen nicht recht über den Weg, ebensowenig wie Kant, der zwar die Unhaltbarkeit aller Versuche einer Theodizee erwies, aber doch meinte, daß eine Moralauffassung, wie er selbst sie vertrat und die in Erfüllung der Pflicht ohne Rücksicht auf die Ergebnisse dieser Pflichterfüllung bestand, die Menschen überfordere. Es wäre doch schön, meinte er, wenn die Menschen sehen könnten, daß moralisches Tun und Verbesserung der Welt inklusive individuellen Lohns irgendwie einander entsprächen. In der «Erziehung des Menschengeschlechts» nimmt Lessing eine Höherentwicklung zu immer subtileren Auffassungen von Moralität an – aber was wird aus denen, die den Erfolg am Ende, das Glück der Menschheit, nicht erleben werden? Ganz ähnlich wie der notorische Philosoph der Hoffnung des 20. Jahrhunderts, Ernst Bloch, der sich auf Lessing bezog, rettete er sich in die Hoffnung auf Seelenwanderung.[125] Für alle, die da nicht folgen mögen, ist das nicht mehr diskutabel, sondern bloß obskur, individuelle Marotte.

Nur eben: In der emotionellen Nötigung zu solchen Phantasiespielen zeigt sich nicht nur die Skepsis bezüglich der Erziehbarkeit des Menschengeschlechts, sondern die existentielle Angst vor einer Welt, die die religiöse Legitimation der Moral völlig hinter sich läßt. Die oben zitierte «Theodizeestelle» ist Ausdruck des Einbruchs solcher Angst in ein Gedankennetz, das ersonnen ist, um zu zeigen, daß wir diese Legitimation nicht brauchen. Sie ist die Signatur des Experimentellen, das solches Denken in Umbruchszeiten einmal hat.

*

Die «Hamburgische Dramaturgie» ist ein äußerst vielgestaltiges, man kann auch sagen, wie weiter oben schon geschehen, ein unordentliches Buch. Ihre thematische Vielfalt ist nicht immer eine Freude und nicht immer eine reine Fundgrube. Da gibt es durch seitenlange Inhaltsangaben eingeleitete langatmige Erörterungen von Stücken, die schon damals die Bedeutung nicht hatten, die Lessing ihnen zu Demonstrationszwecken einräumt – es wird ihm manchmal selbst zuviel. Manches wirkt von heute aus kurios, etwa die Frage, ob man Gespenster auf der Bühne zeigen dürfe, wo wir doch heute an keine mehr glauben,[126] oder ob Ohrfeigen auf der Bühne schicklich seien (augenscheinlich fühlten sich die Schauspieler persönlich gedemütigt, wenn ihre Rolle vorsah, daß sie eine hinzunehmen hatten).[127] Es finden sich Kurzerörterungen wie die über angemessene Titel von Schauspielen, wo sich berühmte Sentenzen finden wie:

> Ein Titel muß kein Küchenzettel sein. Je weniger er von dem Inhalte verrät, desto besser ist er.[128]

Lessing diskutiert das Problem der Darstellung moralisch vollkommener Charaktere, die nicht theatertauglich seien, weil es sie doch gar nicht gebe,[129] und die Frage, wie moralische Sentenzen auf der Bühne eigentlich zu sprechen seien.[130] Dieser Aspekt ist zu speziell, als daß wir ihm hier viel Raum geben könnten, aber in diesen Passagen, die der Lektüre ausdrücklich empfohlen seien, zeigt sich die Verschränkung von Moralphilosophie, Theorie der Emotionen und praktischer Bühnenanweisung aufs schönste. – Der an Lessings Gesamtwerk Interessierte wird seine Kurzerörterung der «Miß Sara Sampson» ebenso lesenswert finden wie seine Überlegungen zum geplanten Stück über die Anekdote von der Matrone von Ephesus.[131] Immer wieder gibt es Exkurse zu Shakespeare, einmal mit dem Hinweis, daß das einzige Stück, das die Liebe in adäquater Weise auf die Bühne bringe, «Romeo und Julia» sei.[132] Der Unterschied in der Dynamik der Emotionen Ehrgeiz und Eifersucht wird ebenso behandelt[133] wie die Frage, ob es sich gehöre, wenn der Dichter selbst Ovationen des Publikums entgegennehme – dieses Verhalten wird am Beispiel Voltaires zurückgewiesen und auf das Interesse an der Person des Dichters schlechthin ausgeweitet: Sei das Werk gut, beschäftige es Gefühl und Geist so sehr, daß alles Interesse am Dichter dahinter verschwinde.[134] Der Stand der Dichtkunst in Deutschland wird erörtert,[135] das Verhältnis von (vorpoetischem) Raisonnement und poetischer Erfindung,[136] und schließlich gibt es die vielseitenlange, immer wieder unterbrochene und wieder aufgenommene Erörterung von Aristoteles' Schrift über die Dichtkunst – da kann sich der Philologe, Altphilologe und Altertumswissenschaftler Lessing nicht zurückhalten: Es geht ihm mehr darum, zu zeigen, daß die, die sich immer wieder auf das Regelwerk des Aristoteles berufen, ihn falsch oder unvollkommen gelesen, schief übersetzt oder gar nicht verstanden haben, als darum, die eigenen Ansichten von diesem Autor beglaubigen zu lassen.[137]

Was in diesem Abschnitt als Zentrum der «Dramaturgie» vorgestellt wurde – in obiger Formulierung: eine Ethik in Form einer Theorie der Emotionen aus Anlaß einer dramaturgischen Kasuistik –, ist natürlich nicht das, was Lessing explizit so bei der Abfassung seiner dramaturgischen Zeitschrift anvisiert hatte. Aber ich behaupte dennoch, daß hier der systematische Zusammenhang der diversen Gedanken zu suchen ist. Wenn Lessing bestimmte Stücke als gekünstelt charakterisiert, andere dagegen als «nach der Natur» ausweist, so braucht das immer wieder den Rekurs auf eine Vorstellung von der Empirie der Emotionen, und zwar sowohl in Hinsicht auf die Figurenzeichnung auf der Bühne als auch – und dies durch die Zwecksetzung des Theaters – auf die Emotionen der aufnehmenden Zuschauer. Schließlich lassen sich die angestrebten Zuschauerreaktionen nur durch ein letztlich ethisches Raisonnement begründen.

Ich erinnere hier meine Leser, daß diese Blätter nichts weniger als ein dramatisches System enthalten sollen. Ich bin also nicht verpflichtet, alle die Schwierigkeiten aufzulösen, die ich mache. Meine Gedanken mögen immer sich weniger zu verbinden, ja wohl gar sich zu widersprechen scheinen: wenn es denn nur Gedanken sind, bei welchen sie Stoff finden, selbst zu denken. Hier will ich nichts als Fermenta cognitionis ausstreuen.[138]

Fermenta cognitionis − nicht Wissen und Ein-für-allemal-Erkanntes, sondern Gärstoffe des Erkennens.

Polemik

Sticks and stones can break my bones, but words will never hurt me – ja, wenn's so wäre! Schriftsteller haben den zivilsten Beruf, den es gibt, sind auch meist (nicht immer) zivil gesonnene Leute, aber es gehört mehr als ein Quentchen Aggressivität wenigstens zur Ausübung des Berufs, denn man muß sich ja – die Metapher verrät die Emotion – in seinen Gegenstand immer wieder durchaus *verbeißen*. Und doch muß die berufsnotwendige Aggressivität immer wieder so sublimiert daherkommen, daß der Leser sie nicht merkt. Wie mühselig Leichtigkeit ist, haben nicht nur Wieland und Rühmkorf vermerkt,[139] sondern auch Lessing tat dies, als er anläßlich der (zeitgebundenen) Diskussion über gereimte und reimlose Verse darauf hinwies, daß die Würde der literarischen Schöpfung darin bestehe, eine Schwierigkeit so zu meistern, daß das Ergebnis wirke, als hätte es anders gar nicht kommen können.[140]

Will einer die gebleckten Zähne sehen lassen, muß er ein Genre dafür wählen: die Polemik. Für Lessing, der sich wie wenige andere in Themen verbeißen konnte, war sie eine bevorzugte Textsorte, und er durchmischte auch durchaus unpolemische Texte mit polemischen Zutaten, in der «Hamburgischen Dramaturgie» sind es mehr als bloß Zutaten. Die große Polemik der Hamburger Zeit, die Auseinandersetzung mit Christian Adolf Klotz, zeigt beide Seiten der schriftstellerischen Bissigkeit: Lessings polemische Energie ist – auch gemessen an der Bedeutung von Anlaß und Gegenstand – ungeheuer und die aufgewandte Arbeit, den erwählten Gegner der vollständigen fachlichen Inkompetenz, der intellektuellen und charakterlichen Minderwertigkeit zu überführen, vielleicht noch ungeheurer. Das Wort stellt sich nicht von ungefähr ein: ungeheuer. In der Polemik konnte Lessing eine Art Ungeheuer werden, und wenig geheuer ist einem, wenn man sieht, welche Energie hier ins doch fast Leere verpufft. Verpufft, tatsächlich? Das wäre nun doch noch zu prüfen. Aber eines ist klar: Wer Objekt einer derartigen Polemik wird, der dürfte länger anhaltender Schmerzen teilhaftig werden, als wer bloß profane Prügel bezogen hätte.

Das Polemische ist bei Lessing nahezu ubiquitär, aber es gibt drei «große» Polemiken: die gegen den Pastor Lange aus dem Jahr 1754, die gegen Klotz aus der Hamburger Zeit, die von 1778 gegen den Hamburger Hauptpastor Goeze. Eingehen wollen wir hier nur auf die gegen Klotz, die anderen seien gleichwohl charakterisiert. Was die historische Bedeutung angeht, kann nur die gegen Goeze «groß» genannt werden. Wie schon erwähnt: Es ging um etwas. Es ging um die Überwindung des Selbstdeutungsmonopols der christlichen Religion; es ging um den Fortschritt akademischer Differenzierung (die Emanzipation der Disziplinen von den Vorgaben einer Leitdisziplin, der Theologie); es ging, zuletzt, um Meinungsfreiheit schlechthin. Daß Lessing in seiner Polemik Spiegelfechterei betrieb, nimmt ihr nicht die Bedeutung eines auch literarischen Ereignisses von Rang, erweckt bei ihrer Lektüre aber zuweilen zwiespältige Gefühle. Es ist Lessing abzunehmen, daß es ihm nicht – weniger als dem verstorbenen Reimarus, dessen bibelkritische Schriften er edierte, behauptend, es seien Texte eines Unbekannten, zufällig in der Wolfenbütteler Bibliothek gefunden – um eine Kritik der Religion durch Kritik ihrer Textgrundlagen ging; es ist ihm abzunehmen, daß er eine Religion anvisierte, die ohne alle Dogmatik, das heißt ohne alle, sei es lehrhafte, sei es kirchlich-organisatorische, sei es traditionell-hermeneutische Verbindlichkeit, auskommen könnte, daß er wirklich meinte, die christlichen Kirchen (wenigstens die protestantischen) könnten sich auf eine solche all-inkludierende Unverbindlichkeit einlassen. Nur irrte er sich da eben, und Pastor Goeze wußte es besser. Darum kann man heute Lessing als einen Religionskritiker feiern, der er gar nicht sein wollte und nicht einmal in den im Gedächtnisprotokoll überlieferten späten Wolfenbütteler Gesprächen wirklich war, in denen er sich zum «Spinozismus» bekannt haben soll, also zu einer Art Pantheismus, Glauben an eine alles durchwirkende Geistigkeit.

1747 und 1752 hatte Samuel Gotthold Lange, Pastor in Laublingen bei Halle, Übersetzungen der Oden des Horaz vorgelegt. Lessing nahm sich die Ausgabe von 1752 vor: «Ein gehofftes Erstaunen über unüberschwängliche Schönheiten, hat sich in ein Erstaunen über unüberschwängliche Fehler verwandelt.»[141] Diese simple Entgegensetzung zeigt, daß er die Hand noch üben muß, aber es sollte nur eine Rezension sein, in der er dem Publikum demonstrieren wollte, daß Langes Lateinkenntnisse sehr zu wünschen übrig ließen. Lange machte den Fehler, sich zu verteidigen, ja zu wehren. Auf Langes Replik folgte 1754 Lessings «Ein Vade Mecum für den Hrn. Sam. Gotth. Lange Pastor in Laublingen in diesem Taschenformate ausgefertigt». Die Polemik beginnt mit:

Mein Herr Pastor

und nimmt am Ende die Anrede zurück und verweigert die dem Brief angemessene Höflichkeitsbezeugung am Schluß:

… ich werde Ihren Namen in Zukunft allezeit nennen, so oft ich ein Beispiel eines rachsüchtigen Lügners nötig habe.

Mit dieser Versicherung habe ich die Ehre meinen Brief zu schließen. Ich bin – – doch nein, ich bin nichts. Ich sehe, mein Brief ist zu einer Abhandlung geworden. Streichen Sie das übergeschriebne *Mein Herr* aus, und nehmen ihn für das auf, was er ist.

Und nun folgt eine wunderbare Volte, die den Titel nebst seinem Verweis auf das Druckformat erklärt:

Ich habe weiter nichts zu tun als ihn in Duodez drucken zu lassen, um ihn dazu zu machen, wofür Sie meine Schriften halten …

Lange hatte sich nämlich abschätzig über das unelegante Format von Lessings 1753 veröffentlichten «Schriften» geäußert, und nun wendet er diesen Tadel so:

… um ihn dazu zu machen, wofür Sie meine Schriften halten; zu einem *Vade mecum*, das ich Ihnen zu Besserung Ihres Verstandes und Willens recht oft zu lesen rate.

Also zu einem auf Grund des taschengerechten Formats stets mitführbaren kleinen Lehrbuch.

Weil endlich ein Gelehrter, wie Sie sind, sich in das rohe Duodez Format nicht wohl finden kann, so soll es mir nicht darauf ankommen, Ihnen eines nach Art der ABC-Bücher binden zu lassen, und mit einer schriftlichen Empfehle zuzuschicken. Ich wünsche guten Gebrauch![142]

Gemeint: ein großformatiges Lehrbuch für Elementarschüler. Lessing hatte Lange im Text, da Lange von angeblichen «Schulschnitzern» gesprochen hatte, die Lessing bemängelt habe, diesen zum Schüler erklärt und ihm die Rute angeboten.

Die Sache mit dem Lügner verhält sich so:[143] Lange hatte Lessing vorgeworfen, er habe ihm seine Fehlerliste zum Gebrauch gegen Geld angeboten (und auf eine Veröffentlichung verzichtet, sofern Lange zahle). Das geht auf eine Intervention Nicolais zurück, der Lessing geraten hatte, von einer Veröffentlichung der Kritik abzusehen, denn Lange galt als einflußreich, und Lessing war noch keine öffentliche Größe, mit der zu rechnen war. Nicolais Vorschlag: Lange die Fehlerliste eventuell gegen Honorar zu überlassen. Lessing scheint mit dem Gedanken gespielt zu haben, jedenfalls schreibt er an Nicolai, so werde er's wohl machen, schreibt dann aber Lange nicht, sondern veröffentlicht. Doch Nicolai scheint Lange von seinem Vorschlag (und daß Lessing ihn ihm gegenüber nicht zurückgewiesen habe?) informiert zu haben. Mehr war da wohl nicht. Lessing druckt Nicolais Brief an ihn ab und erklärt, er habe nie daran gedacht, diesem Ratschlag zu folgen. Es gibt keine weiteren Dokumente, die diese Aussage verifizieren. Aber mir scheint wenig für Langes Version zu sprechen. Nicht, weil Lessing für derlei «zu groß» gewesen wäre – «was ist für einen Großen denn zu klein?» sagt Nathan, und: «Nicht alles ist groß, was ein großer Mann tut, und Galilei aß gern gut», sekundiert Brecht –, sondern weil Lessing jemand war, der mit solchen Sachen an die Öffentlichkeit wollte. Es ging ja doch weniger um Horaz – um den es ihm natürlich auch ging (es folgte eine eigens diesem Dichter gewidmete kleine Schrift) – als um ihn selbst und die Wahrnehmung einer publizistischen Chance: *Gerade weil* Lange als einflußreich galt, würde Lessings Polemik um so größeres Aufsehen machen und ihn als einen Gelehrten profilieren, dem es nur um die Sache zu tun war. Als Lange dann erwiderte, merkte Lessing, was schwache und eitle Leute für Fehler machen können. Er merkte, was so viele große Polemiker bemerken, daß die Leute, die sie sich vornehmen, nach dem ersten Degenstich die Paraden so anlegen, daß sie sich selbst die Blößen geben, die zum *coup de grace* einladen. – Offen bleiben mag, ob Lessings Wunsch,

ich hoffe die Zeit noch zu erleben, da man sich kaum mehr erinnern wird, daß einmal ein *Lange* den Horaz übersetzt hat. Auch meine Critik wird alsdenn vergessen sein, und eben dieses wünsche ich[144]

77

ernst gemeint war. Jedenfalls kam es anders. Lessings Polemik wurde
nicht vergessen, und Lange blieb in ihr erhalten. Trotz eines Reprints
seiner Übersetzungen zu Beginn der 70er Jahre des 20. Jahrhunderts
sind seine Fehler bekannter als das, was er richtig und vielleicht schön
gemacht hat.

Das «Vademecum» hat in der Frankfurter Werkausgabe 40 Seiten, die
Sache mit Klotz 230 Seiten. Wer war denn Klotz? Der Lessing-Biograph
Hildebrandt nennt ihn einen «komischen Vogel»: Er «bestand fast nur
aus Gefieder».[145] Er hatte früh akademische Karriere gemacht, hatte zur
Zeit der Polemik einen Lehrstuhl für klassische Philologie in Halle inne
und war zudem Herausgeber dreier Zeitschriften, deren wichtigste die
1767 gegründete «Deutsche Bibliothek der schönen Wissenschaften»
war. Die traditionelle Lesart der Ursache des Streites ist, daß Klotz sich
bei Lessing Liebkind habe machen wollen – erst durch einen zucker-
süßen Brief, dann durch eine «liebedienerische Rezension» des «Laokoon»,[146] auf die Lessing nicht reagiert habe; auch einen zugesagten Be-
such in Halle machte Lessing nicht: «und nun hatte er Klotz nicht mehr
als Verehrer, sondern als blinden Hasser am Bein.»[147] Wilfried Barner
sieht das etwas anders,[148] nämlich in Verbindung mit dem Scheitern des
Hamburger Theaterprojekts. Lessing bestellte ja vor allem zwei literarische Felder, das Theater in Praxis und Theorie und die antiquarischen
Studien, zu denen neben vielem anderen die Lange-Polemik gehörte
und deren prominenteste Frucht der «Laokoon» war. Das Hamburger
Vorhaben ließ die antiquarischen Studien brachliegen, der «Laokoon»
wurde nicht fortgesetzt. In der Zwischenzeit zeichnete sich eine Rivalität
zwischen Nicolais Zeitschrift, der «Allgemeinen Deutschen Bibliothek»,
und Klotz' schon im Titel als Konkurrenzunternehmen aufgezogener
«Deutscher Bibliothek» ab. Am 24. Februar 1768 ermunterte Nicolai
Lessing, sich mit Klotz zu befassen.[149] «Zu jenem Zeitpunkt ist das
Scheitern des Hamburgischen Theaterprojekts längst absehbar, der
19.4.1768 ist das Datum der letzten Stücke der ‹Hamburgischen Dramaturgie›. Lessing muß sich nach einem neuen ‹Feld› umsehen.»[150] Er
beginnt eine Abhandlung über die «Ahnenbilder der alten Römer», die
eine öffentliche Auseinandersetzung mit Klotz werden soll, aber nicht
fertig wird und zu Lebzeiten ungedruckt bleibt. Zu dieser Zeit erfährt
Lessing, «Klotz habe ihn in seinem Buch von ‹Geschnittenen Steinen›
eines ‹unverzeihlichen Fehlers› überführt. Schon am 20.6. läßt Lessing
in der ‹Hamburgischen Neuen Zeitung› – und zwei Tage später im dor-

tigen ‹Unpartheyischen Correspondenten› – eine Erwiderung gegen Klotz abdrucken; sie wird später der 1. ‹Antiquarische Brief› sein.» – «Briefe, antiquarischen Inhalts» wird der Titel der Klotz-Polemik. «Unverkennbar ist eine gewisse Forciertheit der Entscheidung, verbunden mit Beliebigkeit in der Wahl des Gegenstandes. Die Rückkehr zu einem mit Mühe, vor allem anläßlich des ‹Laokoon›, erarbeiteten Metier wird erleichtert, ja angetrieben durch den outrierten Klotzschen Vorwurf eines ‹unverzeihlichen Fehlers›. Ging es bei dem Horaz-Eindeutscher Lange noch um einen großen Poeten der Antike und um das Niveau einer überfälligen deutschen Übersetzungskultur, so müssen jetzt sogar die ‹geschnittenen Steine› […] herhalten.»[151]

Geschnittene Steine – also Gemmen – in der Antike: das war das Thema von Klotzens Schrift. Was hatte das mit Lessing zu schaffen? Gar nichts. Was hatte Lessing mit antiken Gemmen zu schaffen? Gar nichts. Waren sie geeignet, sein systematisches Interesse an einer Theorie der schönen Künste, das er im «Laokoon» mit Beispielen aus der Antike betrieben hatte, weiterzuführen? Durchaus nicht. Und doch machte er sich während der Abfassung der «Antiquarischen Briefe» zu einem Experten in der antiken Literatur über dieses Thema. Und warum? Weil er sich hineinverbissen hatte. Der Anlaß? Die erwähnte Rüge eines unverzeihlichen Fehlers im «Laokoon».

Herr *Klotz* soll mich eines unverzeihlichen Fehlers in seinem Buche von *den alten geschnittenen Steinen* überwiesen haben. Das hat ein Recensent dieses Buches für nötig gehalten, mir anzumerken.

Mich eines Fehlers? das kann sehr leicht sein. Aber eines unverzeihlichen? das sollte mir Leid tun. Zwar nicht sowohl meinetwegen, der ich ihn begangen hätte: als derentwegen, die ihn mir nicht verzeihen wollten.

Denn es wäre ja doch nur ein Fehler. Fehler schließen Vorsatz und Tücke aus; und daher müssen alle Fehler allen zu verzeihen sein.

Doch, gewisse Recensenten haben ihre eigene Sprache. Unverzeihlich heißt bei ihnen alles, worüber sie sich nicht enthalten können, die Zähne zu fletschen.

Wenn es weiter nichts ist! – Aber dem ohngeachtet: worin besteht er denn nun, dieser unverzeihliche Fehler?

Herr Klotz schreibt:[152]

Aber bevor wir zu dem kommen, *was Klotz* schreibt, bleiben wir noch eben bei dem, *wie Lessing* schreibt. Es ist wie ein Gang mit dem Florett, nur ohne Gegner. Lessing fällt aus, aber es war eine Finte, und Lessing ripostiert einen Gegenangriff, den es gar nicht gibt, den wir aber aus dem Nachvollzug der Riposte mitfühlen, auch wenn wir ihn vor dem inneren Auge nicht wirklich sehen. So ist das mit dergleichen Stilfiguren. Wir lesen einen solchen Absatz in wenigen Sekunden, und was sich mitteilt, ist ein gewisses, zunächst unspezifizierbares Vergnügen, das wir, gefragt, damit erklären würden, daß die Passage «elegant» sei oder «temporeich». Wir nehmen lesend en bloc wahr, was sich als eine Fülle kleinster Textinformationen unterhalb der Schwelle bewußten Wahrnehmens versammelt – in diesem Falle, wie gesagt, ein fingiertes Duell, das etwa so zu rekonstruieren wäre: «Herr Klotz soll mich eines unverzeihlichen Fehlers in seinem Buche *von den alten geschnittenen Steinen* überwiesen haben. Das hat ein Recensent dieses Buches für nötig gehalten, mir anzumerken. Mich eines Fehlers?» – Herr Lessing will sagen, das sei nicht möglich? Hält er sich etwa für unfehlbar? – «Mich eines Fehlers? – das kann sehr leicht sein. Aber eines unverzeihlichen?» – Den Ausdruck nimmt Herr Lessing dem Rezensenten wohl übel? Wenn Herr Lessing Fehler macht, und daß das möglich ist, räumt er dankenswerterweise ein, dann kann es sich wohl nur um marginale handeln? Oder will Herr Lessing sagen ... – «Eines unverzeihlichen? – das sollte mir Leid tun.» – Ja, das sollte es wohl. Unverzeihliche Fehler dürfen einem Gelehrten nicht unterlaufen, sie wären denn doch – äh – unverzeihlich ... – «Zwar nicht sowohl meinetwegen, der ich ihn begangen hätte: als derentwegen, die ihn mir nicht verzeihen wollten.» – Was will Herr Lessing damit sagen? Tut es ihm tatsächlich leid, den Leser und den Rezensenten, der ja auch nur ein Leser ist, so gröblich in die Irre geführt zu haben, daß erst der Sachverstand des Rezensenten, der ja nun wohl erweislich mehr taugt als der des Herrn Lessing, diesen unverzeihlichen Fehler ... – der «doch nur ein Fehler» wäre. «Fehler schließen Vorsatz und Tücke aus; und daher müssen alle Fehler allen zu verzeihen sein. Doch, gewisse Recensenten haben ihre eigene Sprache. Unverzeihlich heißt bei ihnen alles, worüber sie sich nicht enthalten können, die Zähne zu fletschen.» So ist der Angreifer blamiert, ohne daß die Waffen tatsächlich gekreuzt worden wären. Bevor es zum wirklichen Schlagabtausch kommt, stolpert er schon düpiert über die Fechtbahn. – Jenseits des Bildes: Lessing sieht die Chance, die in der ganz konventionellen Phrase vom «unverzeihlichen Fehler» liegt, setzt darauf, daß dem Leser dieses Potential nicht gleichermaßen auffällt, spielt mit ihm und spielt – um in einen anderen Bildbereich zu wechseln – diese Karte zuletzt aus und nimmt den Stich mit.

Nun ist der «unverzeihliche Fehler» keine schlechthin denunzierbare Vokabel. Innerhalb der gelehrten Welt hat sie einen besonderen Sinn, nämlich den, daß es sich um einen Fehler handelt, der in besonderem Kontrast zur angenommenen Fachkompetenz desjenigen steht, der ihn begangen haben soll. Die Phrase heißt so viel wie: «ein Fehler, der jedem anderen nachzusehen gewesen wäre, aber doch nicht Ihnen!» Überall, wo es um besondere Fachkompetenz geht, gibt es diese Art besonderer Fehler. Ein Laie, der gezwungen ist, bei einem, der eine Wespe verschluckt hat, einen Luftröhrenschnitt durchzuführen, mag dabei allerhand anrichten, und es ist verzeihlich. Solche Fehler sind erwartbar, und wir tun gut daran, sie ins Kalkül zu nehmen. Ist der Freizeitoperateur außerhalb seiner Freizeit Chirurg, sind wir berechtigt, bestimmte Fehler nicht zu erwarten, und begeht er sie, dann könnten wir sie «unverzeihlich» nennen. Die Eingangsabsätze des ersten der «Antiquarischen Briefe» tun so, als gäbe es diese Unterscheidung nicht. Sie ziehen damit den Leser in den Streit hinein. Er steht nicht mehr außen vor und betrachtet das Duell zweier Kombattanten, die ihn nichts angehen – so «Fachleute unter sich» –, sondern es wird ihm gesagt, es gehe hier um die Bräuche gesitteter Mitbürgerlichkeit, die von einem wildgewordenen Rezensenten – er «fletscht die Zähne» – gröblich mißachtet worden sind. Das geht jeden etwas an, und also streitet Lessing für die guten Sitten, für alle Bürger *bonae voluntatis* –: für uns.

Ein Trick? Unfair? Nun, was soll man sagen – Polemik ist per se nicht «fair», jedenfalls nicht «fair» in dem Sinne, wie es ein Kampf wäre, in dem man dem Gegner, wenn ihm aus Ungeschick die Waffe in den Sand fällt, Gelegenheit gibt, sie wieder aufzuheben. Man sticht zu. Das heißt nicht, daß der Polemik alles erlaubt wäre. Die Grenzen des wohlgehandhabten Genres sind Lüge und plane Beschimpfung. Wenn Lessing in seiner Lange-Polemik sagt, sein Gegner habe eine «solche Quelle des Geschmacks mit seinem Kote» verunreinigt,[153] dann ist das keine Polemik, sondern Schimpferei. Wenn Lessing die Zitate seines Gegners oder die eigenen verfälschte, um diesem Leseschwäche oder Fälscherei zu unterstellen, wäre das keine Polemik, sondern Fälschung. Im Grunde muß, was polemisch gesagt wird, auch in einem anderen Vokabular

Stich halten. Daß etwas in der Form einer Polemik abgehandelt wird, rechtfertigt man dadurch, daß hinter den polemischen Worten der Sachgehalt sichtbar bleibt, der gravierend genug ist, die Emotion zu erwecken und die Kampflust auf den Plan zu rufen.

Hat sich die Polemik denn in den Grenzen des Kommoden zu halten und darf nur hier und da über die Stränge schlagen? Das nun auch wieder nicht. Der kommode argumentative Streit geht auf die Sache, er nennt einen Fehler einen Fehler, die Person desjenigen, der ihn macht, geht ihn nichts an. Die Polemik geht auf die Person, und das liegt daran, daß sie die Fehler, die die unpolemische Argumentation nur aufweist, moralisiert. Ebenso wie Moral (siehe oben) «polemogen» ist, ist Polemik moralisierend. In beiden Fällen geht es um die ganze Person. Darum tut Polemik demjenigen, der ihr Gegenstand wird, so weh: Er wird als Person moralisch abgewertet, sein sachlicher Fehler wird zum Charakterfehler uminterpretiert. Darum ist Polemik so riskant: Wo sich der Polemiker in seinen Behauptungen irrt, wird er zum bloßen Schläger. Dazu kommt, daß das Lesepublikum dazu neigt, dem Polemiker zu glauben: Es muß schon etwas dran sein, wenn einer so vom Leder zieht. (Das ist übrigens die Logik jedweder fortgesetzten Diskriminierung: Die stattgehabte wird zur Legitimation der folgenden.) – Man hat das schwer abweisbare Gefühl, daß Lessings Polemiken in starkem Kontrast zur Ethik der «Hamburgischen Dramaturgie» stehen. Aber diese sollte wieder uns befähigen, mit solchen Kontrasten bzw. Inkonsequenzen zu leben. Zudem gibt es noch einen guten Grund, hier zu unterscheiden.

Polemik muß deutlich machen, daß sie den Sprung vom sachbezogenen Argument zum moralisierenden Angriff auf die Person zu Recht tut. Lessing tut das, indem er – und das darf die Polemik nicht nur, es ist notwendig – den Kampfplatz wählt. Nicht der Gelehrtenstreit, sondern die Bürgerversammlung ist es, wo der Streit ausgetragen wird. Durch die Wahl des Wortes «unverzeihlich» war ja, wie gesagt, eigentlich ein anderer Kampfplatz bestimmt worden – Lessing schert sich nicht darum. Es hieß, Klotz habe ihn eines Fehlers überführt, Lessing sagt, Klotz habe ihn nicht verstanden, tut dies aber in einer Polemik in Form offener Briefe (die, wie die «Dramaturgie», erst später komplettiert und in einem Buch zusammengestellt wurden). Klotz wiederum antwortet und bemängelt ebendiese Form öffentlicher Polemik. Lessing:

Es befremdete ihn, daß ich über einige Zweifel, die er mit aller Bescheidenheit vorgetragen, so empfindlich werden können; er versicherte, daß ihm
sein Bewußtsein der untadelhaftesten Absichten nicht erlaube, jemandes
Unwillen, am wenigsten meinen Zorn zu befürchten; er erklärte, daß unser
Zwist das Publicum, in dessen Angesichte ich, ihn zu belehren, auftrete, wenig interessiere, daß er nicht einsehe, welchen Nutzen Künste und Wissenschaften davon haben würden […] er gab es zu, daß er mich nicht könne verstanden haben, merkte aber zugleich an, daß ich ihn über einen gewissen
Punkt ja auch nicht verstanden […]154

Klotz will also den Platz der Auseinandersetzung anders bestimmt wissen, er will gar keinen Kampfplatz, sondern vielleicht einen Hörsaal
oder eine Bibliothek, jedenfalls die argumentative Auseinandersetzung
unter Gelehrten – und das trägt er in der elitären Bescheidenheit des
Fachmanns vor, wo das «wen interessiert das schon» mit dem «wen
außer uns geht das was an» changiert. Wesentlich für die Polemik ist,
sich darauf nicht einzulassen, nicht vom Turnierplatz mit viel Publikum
zurück in die Bibliothek zu gehen.

Herr Klotz sagt, «unser Zwist interessiere das Publicum wenig.» – Wenn ich
mir nun aber das Publicum zum Richter denke? Ein Richter muß alle Zwiste
anhören, und über alle erkennen, auch über die geringschätzigsten; sie mögen ihn interessieren, oder nicht.155

Die Klotzsche Bescheidenheit wird als Feigheit denunziert, als Angst,
sich einem Urteil Dritter zu stellen, und die mögliche Interpretation, der
Streit unter Fachleuten gehe nur Fachleute an, als Ausrede denunziert,
denn Gerichte sind per definitionem, will sagen: durch institutionelle
Zuschreibung kompetent. – Und jetzt folgt eine Volte: Lessing über-
(oder unter-, wie man will) bietet Klotz in offensiver Bescheidenheit. Er
interpretiert Klotzens Satz, man solle doch das Publikum nicht belästigen, als pure Anmaßung: Klotz behaupte damit doch, er sei so wichtig,
daß das Publikum genötigt sei, seine Sachen zu lesen, auch wenn es
eigentlich Besseres zu tun habe:

wer sind wir beide, Herr Klotz und ich, denn unter den Schriftstellern, daß
wir das Publicum zu interessieren verlangen können? Alle Leser, auf die wir
rechnen dürfen, sind hier und da, und dann und wann, irgend ein studierter
Müßiggänger, dem es gleich viel ist, mit welchem Wische er die lange Weile

vertreibt, irgend ein neugieriger oder schadenfroher Pedant, irgend ein sich erholen oder sich zerstreuen wollender Gelehrte, irgend ein junger Mensch, der von uns, oder mit uns, oder an uns, zu lernen denkt. Und diese Handvoll Individua haben wir die Impertinenz, das Publicum zu nennen? Doch wohl, wohl; wenn die das Publicum sind: so interessieren wir das Publicum gewiß![156]

Kurz: alles Gerede, Klotz! Wer sich interessiert, der liest, und wer liest, der interessiert sich, und dem, der da liest und sich interessiert, zu sagen: «Wen interessiert das schon!», heißt bloße rhetorische Kratzfüße machen und den Bescheidenen geben, der man gar nicht ist – schriebe man sonst? Und jetzt, nach diesem scheinbar kleinen Schlagabtausch, erfolgt der entscheidende Hieb:

> Aber mich bedünkt, die wahre Bescheidenheit eines Gelehrten bestehe in etwas ganz anderm: sie bestehe nemlich darin, daß er genau die Schranken seiner Kenntnisse und seines Geistes kennet, innerhalb welchen er sich zu halten hat; daß er für jeden Schriftsteller so viel Achtung hegt, ihm nicht eher zu widersprechen, als bis er ihn verstanden; daß er nicht verlangt, der mißverstandene Schriftsteller solle es bei seinem Widerspruche bewenden lassen; daß er ihn keiner Empfindlichkeit beschuldiget, wenn er es nicht dabei bewenden läßt; daß er in den Streitigkeiten, die er sich selbst zuzieht, rund zu Werke geht, nicht tergiversieret[157], nicht in einem sauersüßen Tone, mit einer schnöden Miene, statt aller Antwort vorwendet, «das Publicum interessiere dergleichen nicht, er sehe nicht ein, was für Nutzen Künste und Wissenschaften davon haben könnten!» u.s.w.[158]

Hier begründet Lessing die Form der Polemik, die Moralisierung von Klotzens Fehlern: Der zeige bereits in der Form der Auseinandersetzung, daß er als Gelehrter nicht satisfaktionsfähig sei. Darum muß er aus der Bibliothek auf den, ja gar nicht mehr Kampf-, sondern Marktplatz gezerrt und öffentlich denunziert werden. Es geht nicht um eine Auseinandersetzung unter Wissenschaftlern, sondern um die Denunziation eines Scharlatans. Die Verletzung eines disziplinären Komments wird zu einer Angelegenheit öffentlicher Moral. – Was Lessings Polemik hier vollzieht, ist, was immer passiert, wenn die, wenn man so will: Binnenmoral eines gesellschaftlichen Subsystems allzu eklatant verletzt – und das bekannt wird. Der Sportler, der bei den Dopingkontrollen mogelt, betrügt zunächst nur die, die mit ihm zum Wettkampf antreten, aber gleichzeitig hängt der soziale Sektor Sport daran, daß es dort «ehrlich zugeht», also

daß das, was man unterstellt, daß es geschehe, auch wirklich geschieht –
daß Menschen, nicht die Produkte von Pharmafirmen gegeneinander
antreten. Im Sektor «Wirtschaft» mögen allerlei Regeln des Zusammen-
lebens von Menschen, die anderswo gelten, mißachtet werden, und das
darf einen nicht bekümmern (es sei denn, man will «Wirtschaft» als selb-
ständigen gesellschaftlichen Sektor abschaffen und nicht nur politisch
rahmen), aber die Bilanzen dürfen nicht gefälscht, Insidergeschäfte
nicht getätigt werden usw. Solche Binnenmoral dient dazu, daß das
System als solches funktioniert, und dieses Funktionieren wird unter anderem dadurch gewährt, daß derjenige, der die Binnenmoral verletzt,
als Gesamtperson diskreditiert wird. Der Sportler, der immer schlechte
Leistungen bringt, wird irgendwann verlacht und ist aus dem Geschäft;
der Manager, der nur Verluste macht, ist irgendwann seinen Job los und
muß sich was anderes suchen. Aber beide sind nicht moralisch diskreditiert, wenn man sie anderswo wiedertrifft, denn sie haben nicht die
Binnenmoral des Systems verletzt, sie sind nur nicht erfolgreich gewesen. Wer aber versucht, auf illegitime Weise erfolgreich zu sein, wer die
Binnenmoral verletzt, wird als schlechthin unmoralisch hingestellt. Nicht
weil er eine sektorenübergreifende Norm verletzt hätte (außerhalb des
Sports ist Doping bekanntlich erlaubt, und Lügen ist außerhalb der Regeln der Buchhaltung oft eine läßliche Sünde und im Schriftstellertage-
buch, zumal wenn es zu Lebzeiten veröffentlicht wird, die ungerügte Regel), sondern weil er das System selber gefährdet. Lessing denunziert den
Menschen Klotz, weil er den mogelnden Gelehrten denunzieren will.
Wobei «Mogelei» in diesem Falle nicht die bewußte Fälschung meint,
die, nachgewiesen, den sofortigen sozialen Tod des gewesenen Fachmanns bedeutet, sondern die offensichtliche Inkompetenz, die, wenn sie
ein gewisses Maß überschreitet, ebenfalls moralische Qualitäten bekommt – nämlich durch die Anmaßung dessen, der sich hartnäckig den
Anschein gibt, etwas zu sein, was er nicht ist. Auch der kann, wie der
wirkliche Fälscher, das System «Wissenschaft» gefährden, und er muß
Selbstregulierungskräfte hervorrufen, die durch Widerspruch und ab-
wertende Rezension die Sache bereinigen und die Karriere aufhalten
oder beenden. Lessings Polemik wird auch dadurch in Gang gesetzt,
daß die eigentliche akademische Gemeinde im Falle Klotzens versagt
habe. So meint er, dieses Versagen kompensieren und durch Moralisie-
ren deutlich machen zu müssen, wo die Schlamperei zum Skandal wird.
Von daher mag der obige Satz, Lessings Polemik kontrastiere mit der

Ethik der «Dramaturgie», einige Relativierung leiden: In der Ethik der «Dramaturgie» geht es um Moralfragen anderer Art als in den Polemiken. Gerade dort, wo nicht der Mensch, sondern der Fachmann in Frage steht, geht die Polemik aufs Ganze der Person – dort, wo die Alltagsperson in Fragwürdiges gerät, mag Vorsicht walten. Und so macht Lessing sich letztlich Klotzens Rüge vom «unverzeihlichen Fehler» zu eigen – allerdings zusammen mit dem Nachweis eines ganzen Rudels solcher, und das ändert die Sachlage auch wieder.

Aber worum ging es denn eigentlich in der Sache? Der Anlaß war, wie gesagt, eine Kritik Klotzens an Lessings «Laokoon». Lessing habe dort behauptet, es gebe in der Antike keine Gemälde nach homerischen Motiven. Dies nun sei leicht zu widerlegen – und Klotz tut's. Lessing repliziert, dergleichen habe er nicht behauptet, und wer ihm eine solche Behauptung unterstelle, für den sei der «Laokoon» nicht geschrieben.[159] Tatsächlich hat sich Klotz vertan, und sein Vertun lag tatsächlich daran, daß er nicht verstanden oder sich nicht dafür interessiert hatte, worum es Lessing in seiner Schrift gegangen war. Lessings Interesse war, bei aller altphilologischen und althistorischen Ausrichtung seiner Studien, ein systematisches. In seinem Briefwechsel mit Nicolai und Mendelssohn über das Trauerspiel war letzterer anläßlich der Frage nach den Emotionen auf dem Theater auch auf die berühmte Laokoon-Gruppe zu sprechen gekommen – aber das ist allenfalls ein letzter Anstoß gewesen. Der «Laokoon» ist Ergebnis und Fortführung vielfältiger Einzelstudien zu unterschiedlichen Fragen sowie Ausdruck des Lessings Denken bestimmenden Bedürfnisses nach Analyse der Potentiale von Kunstarten, -formen, -gattungen.[160] Dieses analytische Interesse bildet das Gegenstück zu seiner unermüdlichen Kritik vorgeschriebener Regeln. Was man in den Künsten machen kann und was nicht, was sich schicken mag und was man nicht passieren lassen will, was schön ist und was nicht, soll sich aus der genauen Einsicht in das Verhältnis von Form und Stoff ergeben.

Im «Laokoon» hat Lessing im Zusammenhang von Homer und der bildenden Kunst nun nicht etwa behauptet, daß Szenen, die in der «Ilias» oder der «Odyssee» vorkommen, nicht bildnerisch gestaltet worden wären, sondern daß dies mit Farbe auf Fläche oder in Stein anders geschehen sein müsse als in Worten. Lessing betont nicht die Verschiedenheit des Inhalts, sondern die der Form (woraus sich dann manchmal ergeben kann, daß der eine oder andere Stoff in einer bestimmten

Kunstart nicht nur anders gestaltet werden muß, sondern gar nicht gestaltet werden kann). Das hat Klotz nicht verstanden, und als Lessing ihm dies vorrückt, remonstriert er, was Lessing vollends auf den Plan ruft. Er macht sich nun daran, weitere Mißverständnisse Klotzens aufzulisten und gleichzeitig nachzuweisen, daß der Professor für klassische Philologie in Halle die Quellen schlechter kennt als der Hamburger Autodidakt:

Nun sagen Sie mir, heißt das Quellen brauchen? Ist es genug, um dieses von sich zu versichern, daß man den untersten Rand des Blattes mit Namen klassischer Schriftsteller umzäunt? Oder muß man diese Schriftsteller auch selbst nachgesehen haben, und gewiß sein, daß sie wirklich das sagen, was man sie sagen läßt?[161]

Es geht bis in die Schreibfehler (die allerdings auch unkorrigierte Setzfehler sein können, die dann zu Druckfehlern werden[162]) – das mag kleinkariert wirken, aber wer, der auch nur einen Tropfen polemischer Galle im Leib hat, könnte solcher Versuchung widerstehen (zumal die Dopplung das einmalige Versehen ausschließt)?:

«Flaturarius» […] (nicht «Flatuarius», wie Hr. Klotz zweimal mit großen und mit kleinen Buchstaben drucken lassen)[163]

Lessing läßt es nicht dabei bewenden, zu demonstrieren, daß Klotz in der Auseinandersetzung mit ihm, Lessing, patzt und pfuscht; er trägt den Krieg in dessen eigenes Territorium, die «geschnittenen Steine», und kartätscht ihn auch dort in Stücke. Allerdings muß sich der vielleicht neugierig gemachte Leser nicht einbilden, die Lektüre der «Antiquarischen Briefe» sei kurzweilig. Bestürzt wird er, läßt er sich auf sie ein, feststellen, daß Lessing, um die Polemik zu schreiben, nicht nur die Quellen überprüft, sondern sich selbst zu einem Experten für das Gemmenwesen gemacht hat. Da begnügt er sich nicht damit, Klotz nachzuweisen, die römischen Statuen hätten, anders als er, Klotz, aus seinen Quellen zu lesen meint, nicht etwa wirkliche Ringe getragen, vielmehr habe es sich, wie aus dem Vergleich mit anderen Quellen hervorgeht, um aus dem Stein herausgearbeitete Ringe gehandelt, er hat sich darüber hinaus auch kundig gemacht über den Wert, den man damals bestimmten Edelsteinen im Vergleich zu heute zumaß, über Techniken der Steinschleiferei, über die farbliche Beschaffenheit bestimmter Steinarten und so weiter:

Ich wäre wohl begierig, einige von dergleichen Achaten, die eine reguläre Lage von farbigen Streifen haben, und gleichwohl keine Onyxe sind, von ihm kennen zu lernen. Ich will ihm Dank für seine Belehrung wissen. Nur muß er mir nicht mit den sogenannten *Bandsteinen* aufgezogen kommen. Denn es ist zwar wahr, daß die Bandsteine eine reguläre Lage von farbigen Streifen haben, und doch keine Onyxe sind: aber sie sind auch keine Achate. Sondern es sind Jaspisarten; wie sie denn auch bei Kennern Bänderjaspis heißen, und nur von ganz Unwissenden Bänderachat genennet werden.[164]

Lessing begegnet hier dem Problem, mit dem viele Polemiker sich konfrontiert sehen: dem Kopfschütteln des Publikums über derartige Kleinigkeiten und den sachlichen wie emotionalen (und moralischen) Aufwand, den der Polemiker mit ihnen treibt.

Sie lachen über mich, daß ich mich bei solchen Kleinigkeiten aufhalten kann. – Ja wohl Kleinigkeiten! Wenn man denn nun aber einen Mann vor sich hat, der sich auf solche Kleinigkeiten brüstet? [...] Ist es nicht gut, daß man diesem Manne zum Zeitvertreibe einmal weiset, daß er auch in solchen Kleinigkeiten das nicht ist, was er sich zu sein einbildet?[165]

Karl Kraus hat diesen Einwand, wenn er denn von den Objekten der Polemik selbst vorgebracht wird, so beschieden: «Sie möchten sich durch den bescheidenen Hinweis auf die eigene Winzigkeit darüber hinwegbetrügen, daß sie durch mich todsicher auf die Nachwelt gelangen werden; aber es nützt ihnen nichts, sich noch klein zu machen, wenn ich doch jeden von ihnen zum ganzen Übel vergrößere. Der zeitferne Leser wird es verstehen, daß sie Symbolwert hatten [...].»[166]

Und doch sind die «Antiquarischen Briefe» eine bestürzende Lektüre. Die wissenssoziologische Analyse, die deuten kann, warum etwas wie der «Fall Klotz» gerade im Kontext einer noch nicht recht etablierten Disziplin mit hohem emotionalem Aufwand behandelt wird, sagt ja nichts über die persönliche Motivation desjenigen, der zufälligerweise diese ja nur metaphorisch so genannte «Aufgabe» übernimmt. Auch die erwähnten Notwendigkeiten, sich nach dem Scheitern des Hamburger Theaters wieder auf irgendeinem literarischen Markt zu etablieren, reichen nicht ganz hin, die Sonderbarkeiten dieser Schrift zu erklären. Ich neige dazu, das Gewicht, das ich oben der Form «Polemik» gegeben habe, zu verstärken, um es auch zur Erklärung tauglich zu machen. Der Wunsch, literarische Kriege zu führen, gehörte zu Lessings Wesen, er bildete seine andere Seite, die Kompensation forcierter Zivilität in nahezu allen anderen Angelegenheiten. Schriftstellerei, ich wiederhole es, ist ohne Aggressivität nicht zu haben noch zu machen. Es gibt Naturen, Wieland ist ein stupendes Beispiel, die diese Seite irgendwann[167] fast vollständig unsichtbar werden lassen. Lessing suchte für diese Seite seines Berufs und seiner Natur zeitlebens offenen Ausdruck. Er fand dafür immer einen Ort; seine Arbeiten, auch jene, die für sich gar keinen polemischen Charakter haben, weisen nahezu immer auch diesen Zug aus. Zuweilen schrieb er Texte, die wie ein geöffnetes Ventil wirken. Bloße Schimpferei – von einigen Sätzen abgesehen – werden diese nie; stets hält er Niveau, denn Polemik ist für ihn eine Kunstform – auch wenn er selten nur mit dem Florett kämpft: Manchmal muß die Axt her, aber auch ihr Einsatz erfolgt *lege artis pugnae*. Ich meine, daß das in den Polemiken zu beobachtende Sich-Verbeißen nicht nur in den Gegner, sondern auch in das jeweilige Thema – im Falle Klotz scheinbar über jedes vernünftige Maß hinaus – der inneren Rechtfertigung des polemischen Furors geschuldet ist. Polemik moralisiert, sie muß ihre Moral auszuweisen in der Lage sein, und dieser moralische Ausweis war für Lessing die Demonstration sachlicher Überlegenheit, die sich nicht auf bloße Intuition, sondern auf öffentlich Nachprüfbares bezog.

Er vergewisserte sich damit auch seiner selbst. Lessing war, intellektuell wie sozial, ein Solitär; das Wort, das Arno Schmidt für Herder fand, paßt auf ihn auch: ein «Primzahlmensch». So einer findet die Vergewisserung, daß er noch fest in der Welt steht, nicht im regelmäßigen Fortgang der Kommunikation mit seinesgleichen, weil es die nicht gibt und weil er diese Kommunikation nur zu oft (gern?) vernachlässigt. Es gibt eine wunderschöne, aber sehr sonderbare Stelle in der «Hamburgischen Dramaturgie», die lautet so:

> Nein, kein Mensch kann unter Menschen […] lange verlassen sein! Man schleidere ihn hin, wohin man will: wenn er noch unter Menschen fällt, so fället er unter Wesen, die, ehe er sich umgesehen, wo er ist, auf allen Seiten bereit stehen, sich an ihn anzuketten. Sind es nicht vornehme, so sind es geringe! Sind es nicht glückliche, so sind es unglückliche Menschen! Menschen sind es doch immer. So wie ein Tropfen nur die Fläche des Wassers berühren darf, um von ihm aufgenommen zu werden und ganz in ihm zu verfließen: das Wasser heiße, wie es will, Lache oder Quelle, Strom oder See, Belt oder Ocean.[168]

Was für ein Bekenntnis zu menschlicher Gemeinschaft, zu einem universalen Wir als anthropischer Voraussetzung allseitiger Empathie, Sympathie – und doch: meinen Sie, dieses Bild entspräche Lessings Erfahrung? Ja, wohl, Goethes Mephistopheles hat recht, wenn er sagt, daß die niederste Gesellschaft einen merken lasse, daß man ein Mensch unter Menschen sei, aber ist diese Erfahrung so erstrebenswert? Wie saß Lessing denn am Spieltisch? Mit rotem Kopf, verschwitzt – gesellig? Seine Geselligkeit scheint mir immer etwas Forciertes gehabt zu haben, seit dem Jugendstück «Der junge Gelehrte» etwas Verordnetes, so wie sich jemand regelmäßiges Sporttreiben verordnet.[169] Daß er in Wolfenbüttel die Geselligkeit vermißte, spricht gar nicht dagegen: Wer sich an selbstverordnete regelmäßige Bewegung gewöhnt hat, vermißt sie, wenn er krankheitshalber darauf verzichten muß, und doch gehört sie zu seinem Wesen nicht. Man beachte in obigem Zitat auch das Wörtlein «anketten», das von ungebrochener Allsympathie, was das Humanum angeht, wenig zeugt – gewiß, es ist, wie «Wahlverwandtschaften», ein naturwissenschaftlicher Ausdruck, aber wie diese eben auch aus der fachsprachlichen Metaphorik wieder ins Wörtliche zurückübersetzbar: Man wird, Schwan, kleb' an, das Pack nicht los, wohin es einen auch verschlägt. Und dann gleich der Wunsch nach Aufgehen im Anderen, kein Öltropfen sein, der sich nicht löst im Wasser, sondern von gleicher Art und aufgehen im Ununterschiedenen, Ununterscheidbaren, der große Wunsch der Betäubung beim Wein im Wirtshaus, beim Spielexzeß. – Die polemische Wut mag viel damit zu tun haben, daß derlei nur illusionär gelingt. Man rächt sich am Nebenmenschen dafür, daß man nicht sein kann wie er. Und dabei fällt einem ein, daß man es partout auch gar nicht will, und wie sehr es einen die Anderen schmecken lassen, daß man nicht ist wie sie. All diese Konstituentien seiner Befindlichkeit hat Lessing in den «Antiquarischen Briefen» in ein grandioses Bild gefaßt, das aus der Not einen Triumph macht. Und noch hier, in aller verachtungsvollen Grandiosität, wird das Bescheidenheitsmotiv aufgenommen, das den Text durchzieht: Herr Klotz macht mich zum Kämpfer für eine Partei? – aber ich bin doch nur ein Einzelner, ein Solitär. Herr Klotz macht mich zu einem, dessen Einfluß zu bekämpfen sei? – aber Herr Klotz überschätzt mich gewaltig. Er macht mich zu einem Riesen – aber das ist Unsinn, Verkennung, Donquijoterie:

[...] möchte ein freundlicher Genius die Augen dieser Helden, wenigstens nur in Absicht auf mich, erleuchten. Ich bin wahrlich nur eine Mühle, und kein Riese. Da stehe ich auf meinem Platze, ganz außer dem Dorfe, auf einem Sandhügel allein, und komme zu niemanden, und helfe niemanden, und lasse mir von niemanden helfen. Wenn ich meinen Steinen etwas aufzuschütten habe, so mahle ich es ab, es mag sein mit welchem Winde es will. Alle zwei und dreißig Winde sind meine Freunde. Von der ganzen weiten Atmosphäre verlange ich nicht einen Fingerbreit mehr, als gerade meine Flügel zu ihrem Umlaufe brauchen. Nur diesen Umlauf lasse man ihnen frei. Mücken können dazwischen hin schwärmen: aber mutwillige Buben müssen nicht alle Augenblicke sich darunter durchjagen wollen; noch weniger muß sie eine Hand hemmen wollen, die nicht stärker ist, als der Wind, der mich umtreibt. Wen meine Flügel mit in die Luft schleidern, der hat es sich selbst zuzuschreiben: auch kann ich ihn nicht sanfter niedersetzen, als er fällt. –[170]

Soll man sagen: er fällt dann wieder unter die anderen Leute? – So mag denn der, der nur mit Worten zu treffen vermag, in Worten wenigstens sich ausmalen, er schlüge einmal tätlich drein.

Ein Teil der «Antiquarischen Briefe» wächst sich ihm zu einem Exkurs aus, den er – an Stelle der geplanten und dann unfertig liegengelassenen Untersuchung über die «Ahnenbilder» – in den letzten Hamburger Monaten zu einer eigenen Schrift ausarbeitet und separat veröffentlicht: «Wie die Alten den Tod gebildet: Eine Untersuchung von Gotthold Ephraim Lessing». Klotz ist hier nur mehr Anlaß, kein Objekt mehr, die Form der Polemik wird nur ganz zuweilen gestreift. Möglich, daß, wie einige meinen,[171] das Echo auf die zu dieser Zeit bereits publizierten Teile der «Antiquarischen Briefe» ihn dazu gebracht hat, die kriegerische Tonart nun zu verlassen. Daß man meinte, er sei zu weit gegangen, zeigt die «Vorrede» – allerdings verteidigt er darin die voraufgegangene Streitlust durchaus:

Ich wollte nicht gern, daß man diese Untersuchung nach ihrer Veranlassung schätzen möchte. Ihre Veranlassung ist so verächtlich, daß nur die Art, wie ich sie genutzt habe, mich entschuldigen kann, daß ich sie überhaupt nutzen wollen.

Nicht zwar, als ob ich unser itziges Publikum gegen alles, was Streitschrift heißt und ihr ähnlich siehet, nicht für ein wenig allzu ekel hielte. Es scheinet vergessen zu wollen, daß es die Aufklärung so mancher wichtigen Punkte dem bloßen Widerspruche zu danken hat, und daß die Menschen noch über nichts in der Welt einig sein würden, wenn sie noch über nichts in der Welt gezankt hätten.

«Gezankt»; denn so nennet die Artigkeit alles Streiten: und Zanken ist etwas so unmanierliches geworden, daß man sich weit weniger schämen darf, zu hassen und zu verleumden, als zu zanken.

Bestünde indes der größere Teil des Publici, das von keinen Streitschriften wissen will, etwa aus Schriftstellern selbst: so dürfte es wohl nicht die bloße Politesse sein, die den polemischen Ton nicht dulden will. Er ist der Eigenliebe und dem Selbstdünkel so unbehäglich! Er ist dem menschlichen Namen so gefährlich!

Aber die Wahrheit, sagt man, gewinnet dabei so selten. – So selten? Es sei, daß noch durch keinen Streit die Wahrheit ausgemacht worden: so hat dennoch die Wahrheit bei jedem Streite gewonnen. Der Streit hat den Geist der Prüfung genähret, hat Vorurteil und Ansehen in einer beständigen Erschütterung erhalten; kurz, hat die geschminkte Unwahrheit verhindert, sich an der Stelle der Wahrheit festzusetzen.[172]

Auch das ist Lessings Antwort auf die Frage, was Aufklärung sei.

Du sollst dir ein Bild
von mir machen!

W ie die Alten den Tod gebildet»: Am Ende der Hamburger Zeit steht also die Beschäftigung mit dem Tod – am Ende einer Zeit, die mit so viel Hoffnungen begonnen worden war und in der auch so viele Hoffnungen gestorben waren: auf ein autorenfreundliches Verlagsunternehmen, auf ein Nationaltheater – und schließlich auch die Hoffnung, anderswo glänzender weiterzumachen. Wenn wir unsterblich wären, hat Charles Sanders Peirce einmal geschrieben, so würden wir die Zerstörung aller unserer Illusionen und Hoffnungen, die Entwertung und Zerstörung all dessen, was uns wertvoll ist, erleben, so wie jedes Gut in der Zeit aufgezehrt wird und jedes Reich einmal zerfällt – «statt dessen», schrieb er, «haben wir den Tod». Weil wir sterblich sind, können wir uns ein paar Illusionen bewahren. Man könnte denken, der Tod sei der wahre Freund der Aufklärung, insofern diese auch, wie Kant es von der Religion meinte, über ihre Ideale hinaus ein gewisses Maß an Zuversicht brauche, diese Ideale hätten – irgendwann wenigstens – eine Chance, einigermaßen krisenfeste Wirklichkeit zu werden. Der Tod erspart uns die Widerlegung unserer Hoffnung. Lessing, wir sprachen darüber, neigte zu der gegenteiligen Ansicht.

Wir wissen, daß wir sterben müssen, aber wenige können sich damit abfinden – oder wenigstens dann damit abfinden, wenn der Tod nahe bevorsteht.[173] Früher pflegte man dem Tod ruppige Kosenamen zu geben – «Freund Hein» oder «Meister Hämmerling» –, um ihn nicht zu nennen. Die Alten vermieden es oft, von einem zu sagen, er sei gestorben, man sagte: «er hat gelebt», oder allenfalls, er sei dahin gegangen, wo die Mehrheit schon sei. Das Christentum hatte (die großen Heiden, die seinen Aufstieg mit ansahen, vermerkten dies mit Widerwillen) eine gewisse Affinität zum Tode – und zwar nicht nur als bloßem Anlaß zu Wiederauferstehung. Die Nekrophilie der ubiquitären Marterln nebst Selbstquälereien derer, die vom Tode schon im Leben kosten möchten,[174] findet eine Parallele in den masochistischen Ritualen der Schia und wird nur noch überboten von den Gräßlichkeiten von Tenochtitlan, vor denen es sogar die Spanier grauste, die doch in dieser Hinsicht einiges abkonnten. Die Azteken hatten in ihrem Götterarsenal einen namens Mictlantecuthli, halb skelettiert, mit heraushängender Leber, gebleckten Zähnen und krallenbewehrten Pfoten, der dort den Tod symbolisierte und uns seltsam an einen Vampir erinnert. Dagegen ist der christlich-mittelalterliche Tod, wie er uns geläufig ist, wenn er über Schultern blickt, Mädchen küßt, kurz: den Jedermann besucht, ein vertrauterer Geselle. Notgedrungen; dennoch sind die Versuche vielgestaltig, ihn anders zu bezwingen als durch die Folgen der *agonia dei*, etwa im russischen Märchen, wo ein entlassener Soldat ihn in sein Zauberränzel bannt, was den Tod, als er auf Grund göttlicher Intervention wieder freigelassen wird, so verdrießt, daß er zur Strafe den Soldaten nie zu holen verspricht. Einen anderen Weg, den Tod aus dem eigenen Leben zu schaffen, hat der junge Lessing (um 1750) gedichtet:

Gestern, Brüder, könnt ihrs glauben?
Gestern, bei dem Saft der Trauben,
(Stellt euch mein Erschrecken für!)
Gestern kam der Tod zu mir.

Drohend schwung er seine Hippe,
Drohend sprach das Furchtgeripppe:
«Fort! du teurer Bacchusknecht!
Fort! du hast genug gezecht!»

«Lieber Tod», sprach ich mit Tränen,
«Solltest du dich nach mir sehnen?
Sieh! da stehet Wein für dich!
Lieber Tod, verschone mich!»

Lächelnd griff er nach dem Glase;
Lächelnd macht ers auf der Base,
Auf der Pest, Gesundheit leer;
Lächelnd setzt ers wieder her.

Fröhlich glaubt ich mich befreit,
Als er schnell sein Drohn erneuet.
«Narre, für dein Gläschen Wein
Denkst du», sprach er, «los zu sein?»

«Tod!» bat ich, «ich möcht auf Erden,
Gern ein Mediciner werden.
Laß mich, ich versprech dafür
Meine Patienten dir!»

«Gut, wenn das ist, magst du leben»,
Sprach er: «nur sei mir ergeben.
Lebe! bis du satt geküßt,
Und des Trinkens müde bist.»

«O! wie schön klingt dies den Ohren!
Tod! du hast mich neu geboren.
Dieses Glas voll Rebensaft,
Tod, auf gute Bruderschaft.»

Ewig muß ich also leben,
Ewig, denn beim Gott der Reben!
Ewig soll mich Lieb und Wein,
Ewig Wein und Lieb erfreun.[175]

Da ist er, wie wir ihn kennen: das Gerippe mit der Hippe. Die Alten, so
Lessing, bildeten ihn anders. Im «Laokoon» hatte er es erwähnt, Klotz
hatte auch das bestritten. Aber Klotz interessiert eigentlich nicht mehr.

> Immer glaubt Herr Klotz, mir auf den Fersen zu sein. Aber immer, wenn ich
> mich, auf sein Zurufen, nach ihm umwende, sehe ich ihn, ganz seitab, in ei-
> ner Staubwolke, auf einem Wege einherziehen, den ich nie betreten habe.[176]

Es ist wieder einmal ein Mißverstand. Lessing hatte im «Laokoon» geschrieben, die Alten hätten den Tod nie als Gerippe (ab)gebildet, Klotz
weist nach, daß die Alten sehr wohl Gerippe dargestellt hätten.

> Ich habe behauptet, daß die alten Artisten den Tod nicht als ein Skelett vor-
> gestellt: und ich behaupte es noch. Aber sagen, daß die alten Artisten den
> Tod nicht als ein Skelett vorgestellt: heißt denn dieses von ihnen sagen, daß
> sie überhaupt kein Skelett vorgestellet? Ist denn unter diesen beiden Sätzen
> so ganz und gar kein Unterschied, daß wer den einen erweiset, auch notwen-
> dig den andern erwiesen hat? daß wer den einen leugnet, auch notwendig
> den andern leugnen muß?[177]

Lessing führt die Arten auf, in welchen die «alten Artisten» den Tod gebildet – als zwei Jünglinge mit gesenkten Fackeln, der eine der Schlaf, sein Bruder der Tod. Skelette, wo sie denn vorkommen, bedeuteten nicht den Tod, sondern Tote, Revenants, «larvae», Seelen Abgeschiedener, und zwar Seelen böser Menschen. Solche erscheinen beim Gastmahl des Trimalchio, nicht der Tod ist es, der dort mahnt, sondern ein Toter, dessen Erscheinung nur eines bedeutet: Freu' dich des Lebens, solange es währt, bedenke, daß es endlich ist – und: so wirst auch du einst aussehen:

> Sic erimus cuncti, postquam nos auferet Orcus.
> Das heißt nicht: bald wird uns dieser fortschleppen! in dieser Gestalt wird
> der Tod uns abfodern! Sondern: das müssen wir alle werden; solche Gerippe
> werden wir alle, wenn der Tod uns einmal abgefodert hat.[178]

Lessings Schrift ist natürlich in erster Linie eine kunst- und kulturhistorische Studie, aber in ihr ist die Sympathie unverkennbar, die der Aufklärer einem Todesbild entgegenbringt, das nichts von dem fletschenden Schrecken des christlich-mittelalterlichen Todes hat. Die Sache ist, wie Lessing selbst zu bemerken nicht verfehlt, im Grunde eigenartig. Verheißt das Christentum dem Toten doch Auferstehung und das Leben, wogegen in der Antike ein düsteres Bild des Jenseits vorherrschte – uneindeutig in den Überlieferungen, schwankend im Volksglauben gewiß, aber doch außerordentlich prominent im Hades-Kapitel der Odyssee, wo der tote Achill dem überlebenden Kriegskameraden sagt, er würde lieber auf Erden ein armer Bauer sein als in der Unterwelt ein König: «Am End' ist doch nichts über Leben!»[179]

Um diese Einsicht nicht zu einer ewigen Qual auswachsen zu lassen, hat die antike Mythologie die Lethe erfunden, jenen Fluß, von dessen Wasser jeder Verstorbene trinken muß und der ihn dann alles vergessen läßt, was er je gewußt hat. In welcher Weise dann überhaupt noch von einem Fortleben nach dem Tode gesprochen werden kann, mag hier offenbleiben, aber es verwundert nicht, daß mit solcher Vorstellung die einer Nähe von Schlaf und Tod verbunden ist, einer Nähe, die Sokrates sagen ließ, daß um eine solche Nacht, in der man so tief geschlafen, daß man nicht einmal geträumt habe, einen sogar der Großkönig von Persien beneiden würde. Nun ja, immer vorausgesetzt, man habe Gelegenheit, sich an diese Nacht zu erinnern. Kurz, für Lessing ist die Verbindung von Kunst und einem Bild des Todes, das Moder und Verwesung aufruft, ein Greuel, er appelliert an die Kunst, sich zu erinnern, wie die Alten den Tod gebildet, und an die Religion, sich auf sich und ihre besseren Traditionen zu besinnen. Es sei gewiß,

daß diejenige Religion, welche dem Menschen zuerst entdeckte, daß auch der natürliche Tod die Frucht und der Sold der Sünde sei,[180] die Schrecken des Todes unendlich vermehren mußte. Es hat Weltweise gegeben, welche das Leben für eine Strafe hielten; aber den Tod für eine Strafe zu halten, das konnte, ohne Offenbarung, schlechterdings in keines Menschen Gedanken kommen, der nur seine Vernunft brauchte.

Von dieser Seite wäre es also zwar vermutlich unsere Religion, welche das alte heitere Bild des Todes aus den Grenzen der Kunst verdrungen hätte! Da jedoch eben dieselbe Religion uns nicht jene schreckliche Wahrheit zu unsrer Verzweiflung offenbaren wollen; da auch sie uns versichert, daß der Tod der Frommen nicht anders als sanft und erquickend sein könne: so sehe ich nicht, was unsere Künstler abhalten sollte, das scheußliche Gerippe wiederum aufzugeben, und sich wiederum in den Besitz jenes bessern Bildes zu setzen. Die Schrift redet selbst von einem Engel des Todes: und welcher Künstler sollte nicht lieber einen Engel, als ein Gerippe bilden wollen?

Nur die mißverstandene Religion kann uns von dem Schönen entfernen: und es ist ein Beweis für die wahre, für die richtig verstandene wahre Religion, wenn sie uns überall auf das Schöne zurückbringt.[181]

Auch das möge man als einen Probstein der Aufklärung, die eben nie auf das Instrument des Verstandes und die instrumentelle Vernunft reduziert werden kann, gelten lassen.

Abreise

Lessing blieben noch etwa zehn Jahre. In diesen Jahren gelingt ihm noch manches, vor allem «Emilia Galotti» und «Nathan der Weise». In diese Jahre fällt die letzte große Polemik, die mit dem Hamburger Hauptpastor Goeze nach der Edition von Schriften des Hamburger Freundes Reimarus. In diese Jahre fällt die Heirat mit der Witwe des Hamburger Freundes König, bei dessen Jüngstem er Pate gestanden hatte. Königs Tod fällt noch in Lessings Hamburger Zeit, aber bis zur Heirat vergehen nach Lessings Abreise beinahe acht Jahre. Die Ehe dauert ein knappes Jahr, dann stirbt Eva Lessing im Kindbett, wenige Tage nach dem Tod des gemeinsamen Sohnes.

Von Hamburg geht Lessing nach Wolfenbüttel – er wird, was er in Berlin nicht werden konnte, weil der große Friedrich ihn nicht haben wollte: Bibliothekar. Er ist, wenn wir seinen Briefen glauben wollen, nie gerne dort gewesen, aber wo ist er schon gern gewesen? Immerhin fängt Wolfenbüttel ihn auf.

Nachdem er in Hamburg nichts mehr zu finden und zu suchen hatte, geriet er ins Strudeln. Er erwog eine Italienreise aus, wie er sagte, finanziellen Gründen – in Rom würden, wir haben es schon zitiert, seine Ersparnisse wenigstens noch ein Jahr reichen, und dann sehe man weiter. Seine Freunde meinten, er wolle die Vakanz des ermordeten Winckelmann ausfüllen und seine kunsthistorischen Studien vor Ort fortsetzen.

Gleim:

> Alle Welt sagt, Leßing geht nach Rom, an die Stelle des großen Winckelmann! Und gieng er, Pabst zu werden, so wäre es meinem patriotischen Herzen so bitter, wie Galle![182]

Lessings Bruder Karl:

Liebster Bruder,
Einige Zeit dachte ich Dich schon auf der Reise nach Italien[183]

Lessing an Nicolai:

Meine Reise bleibt, meiner Seits, so unwandelbar als das Schicksal[184]

– aber bekanntlich ist das Schicksal alles andere als das. Es kommt der
Ruf aus Wolfenbüttel – die Idee stammte möglicherweise von Johann
Arnold Ebert, Professor für Geschichte und englische Literatur in
Braunschweig, den Lessing in Hamburg kennengelernt hatte –, und
Lessing ist nicht Narrs genug, ihn abzulehnen.
Nicolai:

Ich habe [...] Ihren Vorschlag nach Wolfenbüttel erfahren, und versichre Sie,
daß ich den herzlichsten Anteil daran nehme. Ich will wünschen, daß er bald
völlig zu Stande komme. Ich freue mich sehr, daß Sie in Deutschland bleiben
wollen. In Italien würden Sie lateinisch geschrieben haben, und für uns tot
gewesen sein. Vergessen Sie doch, wenn Sie in Wolfenbüttel in Ruhe kommen, das Theater nicht gänzlich. Sie sind dafür gemacht, und sonst kein jetzt
lebender Dichter.[185]

Am 7. Mai 1770 wird er in sein neues Amt eingeführt. An Ebert, den er
auf der Durchreise in Braunschweig besucht hatte, schreibt er drei Tage
später:

Liebster Freund,
Ich bin Ihnen unter den Händen weggekommen. Aber es verlohnt auch
wohl der Mühe, daß man Abschied nimmt, wenn man stirbt – oder von
Braunschweig nach Wolfenbüttel reiset! – Denken Sie ja nicht, weil ich dieses beides zusammensetze, daß ich mich gestorben zu sein glaube. Man kann
nicht ruhiger und zufriedener *leben*, als ich diese drei Tage gelebt habe. Euch
Schwärmern, die ihr alle Tage hofieret, alle Tage zu Gaste seid, muß freilich
ein solches Leben Tod dünken. Ruft immer mit jenem französischen Bedien-
ten: es lebe das Leben! Ich rufe: Es lebe der Tod! – sollte es auch nur sein, um
mit keinem Franzosen etwas gemein zu haben. – [186]

Am 14. Mai wird in Hamburg seine Bibliothek versteigert. Die Wolfenbütteler Bibliothek, der Lessing nun vorsteht, erwirbt daraus die Zeitschriften «Journal des Savants» und den «Mercure de France» mit insgesamt über 500 Bänden.

Abgesang

Nach Lessings Tod erscheinen in Hamburg etliche Nachrufe. Lessings Freunde veranstalten eine Trauerfeier, als deren Teil auch eine Aufführung der «Emilia Galotti» stattfindet. Der Senat der Hansestadt verbietet, daß darüber in der Presse berichtet wird, das Senatsprotokoll verfügt, «davon keine Notiz zu nehmen».[187] Das liegt an den Reimarus-Fragmenten, deren Edition man ihm noch weit bis ins 19. Jahrhundert übelnimmt, und am Streit mit dem Hamburger Hauptpastor Goeze. Aber diese Ignoranz ist keine Hamburger Spezialität. In Wolfenbüttel haben gerade mal zwanzig Menschen den Sarg begleitet.[188] – Ein paar Monate später ist dann doch über die Trauerfeier berichtet worden. Und von einem in Hamburg Ansässigen stammt das erste Lessing-Denkmal Deutschlands. Nicht von einem Hamburger Bürger, sondern von Otto August Freiherr von Grote, einem Diplomaten in Diensten Kurkölns und Münsters, später Preußens. Das Denkmal wurde auch nicht in Hamburg, sondern auf Grotes Gut in Breese bei Dannenberg aufgestellt. Es steht heute auf dem Gut Wrestedt bei Uelzen.[189]

1868 wird in Hamburg ein «Verein für Kunst und Wissenschaft» gegründet, der 1872 zu einer Sektion der «Patriotischen Gesellschaft» wird.[190] In diesem Verein entsteht 1877 die Initiative zu einem Lessing-Denkmal in Hamburg. Einige Bürger – der Direktor des Johan-

Lessing-Denkmal am Gänsemarkt in Hamburg
von Fritz Schaper, 1881

neums, ein Architekt, ein Ingenieur, ein Kaufmann – und der Bürgermeister Dr. Gustav Heinrich Kirchenpauer nehmen sich der Sache an. Es werden Spenden gesammelt. Es entsteht ein Streit über die Form des Denkmals. Der Berliner Bildhauer Fritz Schaper hatte die Ausschreibung gewonnen und einen sitzenden Lessing vorgeschlagen. Ausgerechnet der Hauptpastor von St. Nicolai, Karl Hirsche, verlangt öffentlich ein «monumentales Standbild des Deutschen Geisteshelden». Manche mögen auch nicht, daß am Sockel des Denkmals neben einem Bildnis von Ekhof auch eines von Reimarus angebracht werden soll. Wegen dieser Querelen gerät der Spendenfluß ins Stocken, kommt aber schließlich wieder in Gang. Am 8. September 1881 enthüllt Kirchenpauer das Denkmal auf dem Gänsemarkt, da, wo einst das ungeliebte und unrühmlich zerwirtschaftete Schauspielhaus gestanden hat.

Anmerkungen

1 Gotthold Ephraim Lessing, Werke und Briefe in zwölf Bänden, hg. von Wilfried Barner zusammen mit Klaus Bohnen, Gunter E. Grimm, Helmuth Kiesel, Arno Schilson, Jürgen Stenzel und Conrad Wiedemann, Frankfurt am Main 1985–2003 (im folgenden: WuB), Bd. 11/1, S. 457 f.

2 Vgl. zum folgenden die detaillierte Chronologie in: Gerd Hillen, Lessing Chronik. Daten zu Leben und Werk, München 1979.

3 WuB, Bd. 1, S. 490.

4 Pharao ist ein reines Hasardspiel, bei dem mehrere Spieler gegen einen Bankhalter spielen. Die Karten einer Farbe werden offen aufgelegt, und die Spieler plazieren ihre Einsätze auf einem oder mehreren Kartenwerten. Dann zieht der Bankhalter aus einem verdeckten Spiel jeweils zwei Karten. Entspricht die erste Karte dem gesetzten Kartenwert, gewinnt der Spieler, entspricht die zweite, gewinnt der Bankhalter. Einen Gewinn kann der Spieler stehen lassen und erneut riskieren, was in der Terminologie des Pharao «Paroli bieten» heißt. Dieser Ausdruck hat sich verselbständigt. (Vgl. Kay Uwe Katira, Poker und andere Kartenspiele, Ravensburg 1979, S. 105–107.)

5 WuB, Bd. 11/1, S. 455.

6 Ebd., S. 464.

7 Vgl. Paul Raabe, Eva König, Hamburg 2005, S. 29.

8 Vgl. ebd., S. 38.

9 WuB, Bd. 11/1, S. 469.

10 Franklin Kopitzsch, Grundzüge einer Sozialgeschichte der Aufklärung in Hamburg und Altona, Hamburg 1990, S. 371.

11 Johann Gottfried Herder an Lessing, in: WuB, Bd. 11/1, S. 586.

12 Zitiert nach Kopitzsch, Grundzüge einer Sozialgeschichte der Aufklärung, S. 376.

13 Vgl. ebd., S. 374.

14 Ebd.

15 Kopitzsch führt die interessante Zusammensetzung der Bibliothek auf: 1 598 Bände Theologie, 1 245 Geographie/Geschichte, 1 024 Literaturgeschichte/Bibliographie/Gelehrtengeschichte, 968 Philologie, 309 Philosophie, 249 Jura/Medizin, 235 Naturgeschichte, 219 Naturrecht/Ethik/Politik, 192 Physik/Magie, 103 Mathematik, 82 Ökonomie/Handel, 63 Hamburgensia, 13 Verschiedenes.

16 Ebd., S. 374.

17 Vgl. Paul Raabe, Eva König, Hamburg 2005.
18 Meine liebste Madame. Lessings Briefwechsel mit Eva König 1770–1776, hg. von Günter und Ursula Schulz, München 1979.
19 WuB, Bd. 11/1, S. 381.
20 Ebd., S. 411.
21 Ebd., S. 419.
22 Ebd., S. 421.
23 Ebd., S. 423 f.
24 Ebd., S. 432.
25 Ebd., S. 436 f.
26 Ebd., S. 472.
27 Ebd., S. 486.
28 Ebd., S. 547 f.
29 In der Bedeutung: Nachrichten.
30 Ebd., S. 575.
31 Ebd., S. 488 f.
32 Ebd., S. 508.
33 Ebd., S. 514 f.
34 Ich folge der Darstellung von Erich August Greeven, Johann Joachim Christoph Bode. Ein Hamburger Übersetzer, Verleger und Drucker, in: Imprimatur. Ein Jahrbuch für Bücherfreunde, Bd. 8, Leipzig 1938, S. 113–127.
35 Christoph Martin Wieland, Actenstücke zur oesterreichischen Nachdruckgeschichte. Vorbericht des Herausgebers, in: ders., Schriften zur deutschen Sprache und Literatur, hg. von Jan Philipp Reemtsma, Hans und Johanna Radspieler, 3 Bde., Frankfurt am Main-Leipzig 2005, Bd. 3, S. 331–344.
36 Vgl. Erich Schmidt, Lessing, Berlin 1909, Bd. 1, S. 693.
37 WuB., Bd. 11/1, S. 668.
38 Vgl. Otto Reiner, Lessing als Verleger, in: Imprimatur. Ein Jahrbuch für Bücherfreunde, Bd. 1, Leipzig 1930, S. 18–26.
39 Mündlich. Vgl. Arno Schmidt, Abend mit Goldrand, Zürich 1993, S. 94.
40 WuB, Bd. 11/1, S. 496.
41 Ebd., S. 502.
42 Erich Schmidt, Lessing, Bd. 1, S. 692.
43 Ebd.
44 WuB, Bd. 11/1, S. 572.
45 Ebd., S. 533.
46 Ebd., S. 523.
47 Ebd., S. 540 f.
48 Vgl. Greeven, Johann Joachim Christoph Bode, S. 120.
49 Ebd., S. 116.
50 WuB, Bd. 6, S. 649.
51 Ebd., S. 690.
52 Vgl. Franklin Kopitzsch, Lessing und Hamburg. Aspekte und Aufgaben

der Forschung, Teil 1, in: Wolfenbütteler Studien zur Aufklärung 2 (1975), S. 58.

53 Vgl. Erich Schmidt, Lessing, Bd. 1, S. 567.

54 Zum folgenden vgl. Heinrich Meyer-Benfey, Lessing und Hamburg, in: Vorträge und Aufsätze, hg. vom Verein für Hamburgische Geschichte, Heft 4, Hamburg 1929, S. 3–31.

55 Reinhart Meyer, Von der Wanderbühne zum Hof- und Nationaltheater, in: Hansers Sozialgeschichte der deutschen Literatur vom 16. Jahrhundert bis zur Gegenwart, Bd. 3 (Deutsche Aufklärung bis zur Französischen Revolution 1680–1789), hg. von Rolf Grimminger, München 1980, S. 207.

56 Meyer-Benfey, Lessing und Hamburg, S. 6 f.

57 Ebd., S. 8.

58 WuB, Bd. 11/1, S. 467.

59 Meyer-Benfey, Lessing und Hamburg, S. 8.

60 Vgl. Monika Fick, Lessing-Handbuch. Leben – Werk – Wirkung, Stuttgart 2004, S. 280.

61 Meyer-Benfey, Lessing und Hamburg, S. 8.

62 WuB, Bd. 11/1, S. 471.

63 Vgl. WuB, Bd. 6, S. 867–876.

64 Ebd., S. 358.

65 WuB, Bd. 11/1, S. 470.

66 Vgl. Richard Daunicht, Lessing im Gespräch. Berichte und Urteile von Freunden und Zeitgenossen, München 1971, S. 230 f.

67 Ebd., S. 232.

68 Franklin Kopitzsch, Lessing und Hamburg, Teil 1, S. 52.

69 Ebd., S. 67.

70 «Mäßiger Erfolg» (Gerd Hillen, Lessing Chronik, München 1979, S. 56) – «Die Uraufführung fand großes Publikumsinteresse, sodaß das Stück bis zum 5. Dezember sechzehnmal gespielt wurde» (Gotthold Ephraim Lessing, Minna von Barnhelm. Erläuterungen und Dokumente von Sibylle Schönborn, Stuttgart 2003, S. 118).

71 Zitiert aus Franklin Kopitzsch, Lessing und Hamburg, Teil 1, S. 65.

72 Fick, Lessing-Handbuch, S. 256 f.

73 WuB, Bd. 6, S. 76.

74 WuB, Bd. 4, S. 63.

75 Vgl. 4. Akt, 1. Szene.

76 Fick, Lessing-Handbuch, S. 279.

77 Ebd., S. 295 f.

78 Vgl. Christoph Martin Wieland, Über teutschen Patriotismus. Betrachtungen, Fragen und Zweifel, in: ders., Politische Schriften insbesondere zur Französischen Revolution, hg. von Jan Philipp Reemtsma, Hans und Johanna Radspieler, 3 Bde., Nördlingen 1988, Bd. 3, S. 125–138.

79 Vgl. Christoph Martin Wieland, Ueber Thuiskon, ein Heldengedicht in

zwanzig Gesängen, in: ders., Schriften zur deutschen Sprache und Literatur, Bd. 2, S. 767–785.

80 WuB, Bd. 11/1, S. 305.

81 Ebd., S. 311 f. – Vgl. aber die Darstellung bei Hans-Martin Blitz, Aus Liebe zum Vaterland. Die deutsche Nation im 18. Jahrhundert, Hamburg 2000, S. 198 ff.

82 Zur Bedeutung Wielands für die Entwicklung der deutschen Literatur vgl. Jan Philipp Reemtsma, Einleitung, in: Christoph Martin Wieland, Schriften zur deutschen Sprache und Literatur, Bd. 1, S. XV–LXXVII.

83 Vgl. Jan Philipp Reemtsma, Was Aufklärung sei, in: ders., Der Liebe Maskentanz. Aufsätze zum Werk Christoph Martin Wielands, Zürich 1999, S. 304–331.

84 WuB, Bd. 11/1, S. 148 f.

85 Vgl. Christian Meier, Athen. Ein Neubeginn der Weltgeschichte, Berlin 1993, S. 509 ff.

86 Vgl. dazu die Ausführungen in: Jan Philipp Reemtsma, Sokrates, Xenophon, Wieland, in: Xenophon, Sokratische Denkwürdigkeiten und Gastmahl in Christoph Martin Wielands Übersetzung mit seinen Erläuterungen und seinem «Versuch über das Xenophontische Gastmahl», hg. von Hans Magnus Enzensberger, editorischer Anhang und Textredaktion von Hans Radspieler, Frankfurt am Main 1998, S. VII–LXIII.

87 Niklas Luhmann, Paradigm lost. Über die ethische Reflexion der Moral, Frankfurt am Main 1991, S. 26 f.

88 Ebd., S. 41 f.

89 Vgl. Christian Meier, Die politische Kunst der griechischen Tragödie, München 1988.

90 Nämlich durch das Bündnis des katholischen Frankreich mit dem protestantischen Schweden zu Lasten des katholischen Habsburg (1631 Subsidienvertrag von Bärwalde).

91 WuB, Bd. 4, S. 35.

92 WuB, Bd. 6, S. 190.

93 WuB, Bd. 11/1, S. 332 f.

94 WuB, Bd. 6, S. 192.

95 Ebd.

96 Ebd., S. 329.

97 Ebd., S. 331 f.

98 Ebd., S. 330.

99 Man kann bestreiten, daß das möglich sei. Wenn man davon ausgeht, daß die primären Unterscheidungen im Menschlichen immer zunächst geschlechtsbezogen (gender) sind, dann ist das nicht möglich. Mir scheint eine solche Auffassung zu dogmatisch. Ich plädiere auch hier dafür, auf den Einzelfall und die Mischungsverhältnisse zu achten.

100 WuB, Bd. 6, S. 338 f.

101 Ebd., S. 263.
102 Christoph Martin Wieland, Der Neue Amadis. Ein comisches Gedicht in Achtzehn Gesängen, hg. von Jan Philipp Reemtsma, Hans und Johanna Radspieler, Zürich 1995.
103 WuB, Bd. 6, S. 268.
104 Vgl. ebd., S. 404 ff.
105 Ebd., S. 275.
106 Ebd., S. 411.
107 Ebd., S. 407.
108 Ebd., S. 276.
109 Ebd., S. 300.
110 Ebd., S. 347 f.
111 Ebd., S. 476.
112 Ebd., S. 477.
113 WuB, Bd. 9, S. 502.
114 WuB, Bd. 6, S. 477 f.
115 Diese Auffassung vertritt u. a. Fick, Lessing-Handbuch, S. 288 ff.
116 haften bleiben.
117 WuB, Bd. 6, S. 577 f.
118 WuB, Bd. 9, S. 596 f.
119 Vgl. Jan Philipp Reemtsma, Nathan schweigt, in: ders., Warum Hagen Jung-Ortlieb erschlug. Unzeitgemäßes über Krieg und Tod, München 2003, S. 78–94.
120 WuB, Bd. 9, S. 487.
121 Ebd., S. 554.
122 WuB, Bd. 10, S. 96.
123 So viel an die Adresse der Vertreter der «intelligent design»-Theorie. Zum Thema «Theologie fehlbarer Gottheiten» (dessen Existenz Stanislaw Lem geleugnet hat) vgl. Jan Philipp Reemtsma, Die Welt als Irrtum. Verdis «Forza del destino» zwischen Frömmigkeit und negativer Theodizee, in: Jahrbuch der Bayerischen Staatsoper 2006/07.
124 Als Gebetsritual gibt es sie ja bis zur – auch theologisch – intolerablen Albernheit.
125 Vgl. Jan Philipp Reemtsma, Keine Lust will Ewigkeit. Das utopische Bewußtsein als objektive Grille betrachtet, in: Die Unruhe der Kultur. Potentiale des Utopischen, hg. von Jörn Rüsen und Michael Fehr, Weilerswist 2004, S. 57–82.
126 Vgl. WuB, Bd. 6, S. 236 ff.
127 Vgl. ebd., S. 461 f.
128 Ebd., S. 285.
129 Vgl. ebd., S. 611 ff.
130 Vgl. ebd., S. 196–205, 224, 280 f.
131 Vgl. ebd., S. 249 ff. und 358 f.

132 Vgl. ebd., S. 256 ff.
133 Vgl. ebd., S. 330, 332 f., 474.
134 Vgl. ebd., S. 360 ff.
135 Vgl. ebd., S. 272 f., 581, 585 ff., 655–659.
136 Vgl. ebd., S. 658 f.
137 Vgl. insbesondere ebd., S. 364 f., 368 ff., 552–559, 561–575, 587–597, 623–627.
138 Ebd., S. 654 f.
139 «Die Nachahmer wissen selten, wieviel Kunst und welch ein hartnäckiger Fleiß oft unter dem Anschein der äussersten Leichtigkeit versteckt ist.» (Christoph Martin Wieland, Der Neue Amadis, S. 10); «Was dann nachher so schön fliegt ... / wie lange ist darauf rumgebrütet worden.» (Peter Rühmkorf, Phönix voran!, in: ders., Werke 1, hg. von Bernd Rauschenbach, Reinbek 2000, S. 346).
140 Vgl. WuB, Bd. 2, S. 685 f.
141 Ebd., S. 705.
142 WuB, Bd. 3, S. 105–146.
143 Zum folgenden vgl. den Kommentar in: WuB, Bd. 2, S. 1141–1143.
144 WuB, Bd. 3, S. 143.
145 Dieter Hildebrandt, Lessing, München 2003, S. 318.
146 Ebd.
147 Ebd., S. 319.
148 Vgl. seinen Kommentar in: WuB, Bd. 5/2, S. 948–1085.
149 Vgl. WuB Bd. 11/1, S. 502.
150 Barner in: WuB, Bd. 5/2, S. 956.
151 Ebd., S. 957.
152 WuB, Bd. 5/2, S. 356 f.
153 WuB, Bd. 3, S. 106.
154 WuB, Bd. 5/2, S. 552.
155 Ebd., S. 552 f.
156 Ebd., S. 553.
157 Ausflüchte sucht.
158 Ebd., S. 553 f.
159 Ebd., S. 359.
160 Zu beiden Aspekten vgl. Wilfried Barners Kommentar zu «Laokoon» in: WuB, Bd. 5/2, S. 631–650.
161 WuB, Bd. 5/2, S. 402.
162 Wie viele mögen in diesem Buch stehengeblieben sein?
163 WuB, Bd. 5/2, S. 415 – der Kommentator der Frankfurter Ausgabe überläßt, anders als an anderen Stellen, die Auflösung dieses Hinweises den Lateinkenntnissen des Lesers.
164 Ebd., S. 550 – es folgt ein Hinweis, daß «schon Theophrast» sich entsprechend über die Onyxe geäußert habe, sowie eine Fußnote, die ein längeres Zitat eines englischen Kommentators des Theophrast dazugibt.

165 Ebd., S. 393.
166 Karl Kraus, Der Vogel, der sein eigenes Nest beschmutzt, in: Die Fackel Nr. 781–786 (Juni 1928), S. 2.
167 Irgendwann: Wieland war in seiner Jugend ein eifernder Polemiker; vgl. Christoph Martin Wieland, Schriften zur deutschen Sprache und Politik, Bd. 1, Streitschriften gegen Gottsched und seine Schule, S. 455–576.
168 WuB, Bd. 6, S. 621 f.
169 Vgl. WuB, Bd. 11/1, S. 15.
170 WuB, Bd. 5/2, S. 572.
171 Vor allem Klaus Bohnen, vgl. seinen Kommentar in: WuB, Bd. 6, S. 1080–1086.
172 WuB, Bd. 6, S. 717.
173 Ernst Tugendhat versucht aus der Furcht vor dem nahen Tod die (sonst seiner Ansicht nach nicht zureichend gegebene) Plausibilität der Todesangst überhaupt zu verstehen; vgl. Ernst Tugendhat, Über den Tod, in: ders., Aufsätze 1992–2000, Frankfurt am Main 2001, S. 67–90.
174 Hier könnte der Psychosomatologe einwenden, daß die Eigenkörperverletzungen – vom Piercing bis hin zu den Schnippeleien der Psychotiker – das Lebensgefühl steigern (zuweilen wiedergewinnen) hülfen. Nun, das wird so sein, allein, ein Einwand ist es nicht, zumal nicht im christlichen Kontext: Qual und Wiederauferstehung eben.
175 WuB, Bd. 1, S. 59 f.
176 WuB, Bd. 6, S. 720.
177 Ebd., S. 721 f.
178 Ebd., S. 769.
179 Christoph Martin Wieland, Der Vogelsang oder die drey Lehren, in: ders., Sämtliche Werke, Bd. 18, Leipzig 1796, S. 379.
180 Römer 6, 23.
181 WuB, Bd. 6, S. 778.
182 WuB, Bd. 11/1, S. 597.
183 Ebd., S. 613.
184 Ebd., S. 618.
185 Ebd., S. 632 f.
186 WuB, Bd. 11/2, S. 9.
187 Zitiert nach Franklin Kopitzsch, Lessing und Hamburg, Teil 1, S. 91.
188 Ebd., S. 89.
189 Vgl. Franklin Kopitzsch, Lessing und Hamburg, Teil 2, in: Wolfenbütteler Studien zur Aufklärung 3 (1976), S. 274.
190 Vgl. ebd., S. 284 ff.